मुस्कुराती सिलवटें

अदृश्य अध्याय की

श्यामंकर सिंघरी

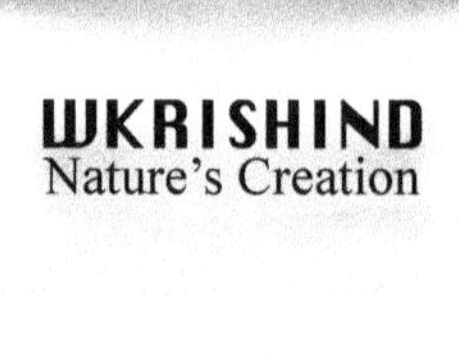

मुस्कुराती सिलवटें

© Shyamankar Singhari

Publisher: **WKRISHIND.in**
ISBN: 978-81-977924-1-0
Edition: I (2024)

श्यामंकर सिंघरी

पिछले संस्करणों के लिए

इस किताब में चित्रित सभी घटनाएँ पहले प्रकाशित हुई सभी संस्करणों का शुद्ध रूप हैं। पहले प्रकाशित सभी संस्करण, जो अलग-अलग शीर्षकों से और लेखक के मूल/काल्पनिक नाम से प्रकाशित हुई थीं, इस संस्करण के प्रारूप थे। पहले प्रकाशित हुए किसी भी संस्करण या इस संस्करण का लेखक के या फिर किसी अन्य के व्यक्तिगत जीवन से कोई सम्बन्ध नहीं हैं। और अगर किसी के व्यक्तिगत जीवन की कहानी इस रचना में चित्रित किसी भी घटना से मिलती-जुलती है तो वह सिर्फ़ एक संयोग है। पिछले सभी संस्करण सिर्फ़ परीक्षण के उद्देश्य से प्रकाशित किए गए थे।

-श्यामंकर सिंघरी

क्या लिखूँ?

स्कूल के समय में कुछ कहानियाँ पढ़ते समय मेरे भी दिमाग में यह बात आई कि मैं भी एक लेखक बनूँ। लेकिन अब समस्या थी तो यह की आखिरकार लिखूँ क्या? सबसे बड़ी बात, अपनी पढ़ाई के प्रति जुड़ाव ने मुझे कभी ऐसा करने नहीं दिया और दूसरी तरफ, मैं आलसी तो था ही। तभी तो मन में प्रबल इच्छा होते हुए भी मैं अपने लेखक बनने के सपने को आरम्भ ना कर सका। कई बार तो ऐसा भी हुआ कि मेरे दिमाग में कुछ बातें आई लेकिन जब मैंने उन्हें अपनी डायरी में लिखने की कोशिश की तो वहाँ पर मुझे कोई सफलता नहीं मिल पाई और जब कभी हिम्मत करके कुछ लाइनें लिखा भी तो बाद में उन्हें फाड़ कर फेंक भी दिया। क्योंकि, पहली बार तो मैंने अपने दिमाग में सूझी बात को अपनी डायरी में उतार दिया, लेकिन फिर जब बाद में दोबारा मैंने अपनी उस लिखावट को पढ़ा तो मन में एक सवाल उठा- यह मैंने क्या लिखा है? कुल मिलाकर मेरे कहने का मतलब है- मुझे खुद पर उस समय भरोसा नहीं था। मुझे लगता था कि- यार! वे सब (पूर्व समय में प्रसिद्ध हुए लेखक) इतने बड़े लेखक हैं और मैं एक छोटे से कस्बे में रहने वाला एक छोटा सा इंसान हूँ और तो और उन सब ने अपनी बात को अपनी डायरी में तो उतार दिया लेकिन वह खुद उसका आनंद नहीं ले पाए। मुझे लगा, कहीं मेरा

हाल भी ऐसा ही न हो। इसलिए, ऐसी ही ढेर सारी फालतू के नकारात्मक सोच की वजह से मैंने अपने अन्दर की कला को छिपाए रखा। इसमें कुछ मेरे अन्दर छिपे हुए डर का भी हाथ था।

मुझे लगता था कि अगर मैं यह सब करने लगूंगा तो मेरा दिमाग पढ़ाई में नहीं लगेगा और उसकी वजह से मेरे मम्मी-पापा बहुत परेशान हो जाएँगे। मैं नहीं चाहता था कि मेरी वजह से मेरे मम्मी-पापा को दुःखी होना पड़े। क्योंकि वह लोग हमेशा मेरी तारीफ अपने सगे सम्बन्धियों के साथ करते रहते थे। वह कहते कि मेरा बेटा एक अच्छा छात्र है। वह हमेशा अपनी परीक्षा में अच्छे नंबर लाता है। अब मेरे प्रति उनके इस तरह के प्यार की वजह से मैं चाहकर भी कुछ अलग नहीं कर सकता था। क्योंकि, जब मेरी पढ़ाई थोड़ी सी भी डगमगाती थी तो उन्हें बहुत दुःख होता था। जब मेरा रिपोर्ट कार्ड वे लोग देखते थे तो उन सब के चेहरे पर ख़ुशियों की लहर दौड़ पड़ती थी। ऐसा नहीं था कि मैंने पापा से कभी इसके बारे में चर्चा ना किया हो।

एक बार! मैं पापा जी के पास में बैठा हुआ था। पापा जी मुझे मेरी पढ़ाई से सम्बन्धित कुछ ज्ञान की बातें समझा रहे थे। वह मुझे कुछ पुराने लेखक और उनकी रचनाओं के बारे में बता रहे थे। तब उसी समय मैंने पापा जी से पूछा था कि क्या मैं भी एक लेखक बन सकता हूँ? तब उन्होंने मेरे से कहा था- 'हाँ, बेशक बन सकते हो, लेकिन अभी तुम्हारी उम्र अपनी पढ़ाई पूरी करने की है। अभी तुम्हें पूरी तरह से अपनी पढ़ाई पर ध्यान देना चाहिए।' और मुझे लगता है कि वह अपनी जगह पर सही भी थे।

इसके पहले जब मैं पाँचवीं कक्षा में था, तब मैं स्कूल में कुछ गाने वगैरह भी गा लेता था। जिसकी वजह से मेरा दिमाग हमेशा गाने पर ही लगा रहता था। उस समय की मेरी पढ़ाई बहुत ही घटिया थी। ...अरे! गवैया जो ठहरा था। मुझे यह तक पता नहीं रहता था कि मेरी कक्षा में

स्थान क्या है? हाँ! अगर अंतिम से देखा जाता तो सबसे नीचे से शीर्ष पाँच स्थान में मेरा नाम ज़रूर आ जाता था। इसकी वजह से मेरे मम्मी-पापा भी दुःखी हो जाते थे। वह मेरे से कुछ कहते तो नहीं थे, लेकिन जो भी हो अगर आप नाखुश हैं तो थोड़ी सी झलक चेहरे पर तो आ ही जाती है। इसीलिए, पाँचवीं के बाद मैंने गाना-गूना सब छोड़कर अपना पूरा मन पढ़ाई में लगा दिया।

पढ़ाई तो मैं बे-मन से ही करता था। क्योंकि इसकी वजह से मुझे मेरे मम्मी-पापा के चेहरे पर थोड़ी सी ख़ुशी दिख जाती थी और उनके खुश रहने की वजह से मैं भी थोडा सा खुश हो जाता था। अब अगर मेरी छोटी सी कुर्बानी की वजह से उन्हें ख़ुशी मिलती थी तो फिर मैं उन्हें क्यों निराश करता। वैसे भी, इसमें कोई नुकसान तो था नहीं। इसमें भी मेरा ही तो फायदा था।

उस समय तो मैंने अपने सपने को अपने अन्दर ही दफन कर दिया। लेकिन ऐसा मैं ज्यादा समय तक नहीं कर पाया और अंततः मैंने ग्रेजुएशन के अंत तक एक किताब लिखने का मन बना ही लिया। क्योंकि, इसके बाद मेरे पास कोई चारा भी नहीं था। अब ग्रेजुएशन के बाद या तो मैं घर पर खाली बैठता या फिर किसी सरकारी नौकरी की तलाश में लग जाता, जो मैं करना नहीं चाहता था।

अब मुझे ग्रेजुएशन के बाद, कुछ कर दिखाने का रास्ता तो मिल गया। लेकिन अब बात थी की, आखिरकार लिखूं क्या? मेरा मतलब पाठक के पसंद या ना पसंद से है। मैंने सबसे पहले पौराणिक घटनाओं पर आधारित एक कहानी लिखना शुरू किया। यह कहानी एक सज्जन जो मेरी ही कक्षा में पढ़ते थे, ने लिखने के लिए कहा था। उन्होंने कहानी तो नहीं बताया था। उनका कहना था कि मैं उनके लिए एक ऐसी कहानी लिखूं जो पौराणिक घटनाओं पर आधारित हो। क्योंकि वह एक छोटी

सी ऐनिमेशन फिल्म बनाना चाहते थे। उन्होंने इसके लिए कई बार मेरे से कहा था। लेकिन, मैं आलस्य-आलस्य में ऐसा नहीं कर पा रहा था।

एक दिन उन्होंने मजाक ही मजाक में कई छात्रों के सामने उसी बात को दुहराया। तब जाकर मेरा पत्थर दिल पिघला और मैंने उनके लिए एक कहानी की शुरुआत की।

पौराणिक घटनाओं पर आधारित कहानी लिखने के चक्कर में, उन पर आधारित ना सही, मैंने एक अलग तरह की डरावनी कहानी की शुरुआत ज़रूर कर दिया। मैंने उनके पास एक दो पेज की कहानी लिखकर भेजा। कहानी को पढ़ने के बाद उन्होंने कहा कि कहानी तो अच्छी है, लेकिन अभी और आगे लिखो। इस कहानी को मैंने लगभग दस पेज तक आगे बढ़ाया। लेकिन फिर बाद में, मैंने इस कहानी को वहीं पर विराम दे दिया। क्योंकि, इसमें बहुत समय लग रहा था। इसलिए, मैंने अब एक पारिवारिक कथा लिखने का मन बनाया और आज वह आपके सामने है।

हो सकता हो किसी पाठक के आँखों में घूरती हुई यह किताब उस पाठक को इस किताब के पन्नों में लिखे अक्षरों से अवगत कर रही हो या फिर किसी पाठक के घर के कोने में पड़ी मेज़ पर पड़े-पड़े धूल-धूसरित हो रही हो।

आपने अपने जीवन का कीमती समय निकालकर मेरी इस रचना के लिए दिया, मुझे यह जानकर बेहद ख़ुशी हुई। आपका मेरी लिखावट के प्रति यह प्यार, मुझे आपके लिए दूसरी रचना तैयार करने में मदद करेगा। आपका जीवन मंगलमय हो!

-श्यामंकर सिंघरी

समर्पित

मैं अपने माता-पिता को धन्यवाद करता हूँ जिन्होंने मुझे मेरे इस काम के लिए प्रोत्साहित किया।

मैं उन सभी लोगों का भी धन्यवाद करता हूँ जिन्होंने जाने-अनजाने में आलोचनाओं के ज़रिए आगे बढ़ने में मेरी मदद की।

-श्यामंकर सिंघरी

नए पड़ोसी आए हैं, समाज में बसी है रौनक नई,
मिलकर चलें सभी, जैसे एक परिवार की कड़ी।

हम लोग अपनी पूरी जिन्दगी, यह जानने में लगा देते हैं की आखिर हमारी इस जिन्दगी का मतलब क्या है? हम सब इस दुनिया में क्यों आए हैं? आखिर हमारे इस दुनिया में आने का मकसद क्या है? लेकिन हमारे इन प्रश्नों का उत्तर हमें जिंदगी भर नहीं मिल पाता है और अंततः हम भी दूसरों की तरह भीड़ में भागना शुरु कर देते हैं। ऐसे लोगों की गिनती की जाए तो, मैं तो सोचता हूँ की इसका एक ही जवाब होगा की दुनिया में कितने लोग ऐसे हैं जो भीड़ से अलग चल रहे हैं। उनकी गिनती कर लो अपने आप सारे प्रश्नों का जवाब मिल जायेगा। भीड़ से अलग होकर चलने वाले, इन लोगों में महात्मा बुद्ध जैसे लोग आते हैं। हालाँकि, जिंदगी से जुड़े सारे प्रश्नों का जवाब पूरी तरह से उन्हें भी मालूम नहीं हो पाया था। हाँ इतना था की उन्होंने कुछ हद तक जानकारी ज़रूर हासिल कर लिया था। यह सब तो भारत के बुद्धिजीवियों की बात है। यहाँ पर लोग जिंदगी का मकसद जानने के लिए जंगलों और पर्वतों का सहारा

लेना पसंद करते थे। लेकिन अब ऐसा नहीं है। अब यहाँ के लोग भी दूसरे देशों के लोगों की तरह काम करना पसंद करते हैं। वे भी उन्हीं की तरह अपनी एक प्रयोगशाला तैयार करते हैं और वहीं पर शोध करने में लग जाते हैं। इस काम के लिए वे सब अपने द्वारा बनाई गई मशीनों की ही मदद लेते हैं। वैसे, आज कल तो इण्डिया में यही चल रहा है। आज कल हर जगह यही बातें होती है की आखिर इस देश को मशीनों का देश कैसे बनाया जाए। इस काम में, बहुत बड़े पैमाने पर लोग लगे हुए हैं।

खैर, यह सब तो देश की तरक्की की बातें हैं। अब अगर बात करें, इस दुनिया में वापस आने की तो जहाँ एक तरफ 'महात्मा बुद्ध' जैसे बुद्धिजीवी लोग इस दुनिया में नहीं आने के लिए तपस्या करके चले गए और लोगों के लिए निर्वाण प्राप्त करने के तरीके छोड़ गए, तो वहीं दूसरी तरफ इस दुनिया में कुछ लोग ऐसे भी हैं, जो किसी से यह वादा करते हैं की वह इस दुनिया में कई जन्मो तक आना पसंद करते हैं। इसके लिए लोग पूजा-पाठ भी करते हैं। हिन्दू धर्म में, विपरीत लिंग के लोग सात फेरे लेते हैं। आज-कल तो समान लिंग के लोग भी ऐसा करते हैं।

वो अब सात जन्मो तक एक दूसरे का साथ देंगे, ऐसा एक दूसरे से वादा करते हैं और फिर उन्हीं वादों को बहुत जल्द तोड़ भी देते हैं। हाँ! कुछ लोग ऐसे होते हैं, जो सात जन्मो तक ना सही एक जन्म तक ज़रूर एक साथ रहते हैं। लेकिन उनकी लाइफ़ भी कुछ खास नहीं होती है। वह साथ रहकर भी साथ नहीं होते हैं। इसकी वजह है, उनके बीच उनके अतीत का आ जाना। कुछ लोग ऐसे भी होते हैं, जो किसी इंसान को अपने लिए खास मान लेते हैं और फिर उसके लिए अपनी जान तक दे देते हैं। ऐसे लोग दो तरह के होते हैं। एक जो, उस खास इंसान का पीछा करते-करते, उस इन्सान के लिए अपनी जान दे देता है। तो दूसरा वह जो उस खास इंसान की ख़ुशी के लिए अपनी जान दे देता है। उस इंसान को यह लगता है की उसके मर जाने से, दूसरा अपनी लाइफ़ को अच्छे से जी

सकता है। अरे जो इंसान किसी के जिन्दा रहने से खुश नहीं रह सकता है, वह तेरे मर जाने से कैसे खुश रह सकता है। उस बेवकूफ को शायद यह नहीं पता होता की इंसान की खोपड़ी ना तो कभी भरी थी और ना ही कभी भरेगी।

हाँ! माना की किसी के मर जाने पर लोग उसे भूलना ही पसंद करते हैं और इसी में उनकी भलाई भी होती है। यह सब बातें, मैं ही नहीं, मेरे से पहले कई लोग कह कर जा चुके हैं। ऐसी बातें सदियों से चली आ रही हैं।

यह अचरज से भरी दुनिया है। इस संसार में जहाँ कुछ लोग, अपने कारनामों से पूरी दुनिया को चकित करते हैं तो वहीं कुछ लोग पूरी दुनिया को ना सही, अपने कुछ चाहने वालों की नजर में ज़रूर, अपने अच्छे कारनामों से हीरो बन जाते हैं। अब अगर बात करें छात्रों की तो कुछ छात्र परीक्षा में अव्वल दर्जे पर सफलता पाकर अपने घर वालों को खुश करते हैं। प्रतियोगिता में अव्वल आने के बाद, इंटरव्यू में छात्र तो अपनी असलियत बता देता है की उसे अपने आप पर भरोसा नहीं था की वह अव्वल आएगा। लेकिन यही बात जब उसके साथियों से पूछा जाता है, तो वह यही कहते हैं की उन्हें पहले से पता था की वह अव्वल आएगा। यह हम इंसानों की खासियत है। इस तरह के गुण तो हम इंसानों को विरासत में मिले हैं। यही नहीं, एक तरफ तो वह यह कहते हैं की मुझे ख़ुशी है की वह अव्वल आया, लेकिन वहीं दूसरी तरफ मन ही मन दुखी भी हो जाते हैं।

दरअसल, उनकी यह बात तो सच होती है की वह खुश हैं, लेकिन कितना खुश हैं, इस रहस्य का खुलासा आज तक नहीं हो पाया है और ना ही हो पायेगा। अरे, सब को पता है की किसी इंसान को सुख और दुःख दोनों एक साथ नहीं मिल सकते, तो फिर यह बात कैसे सच हो सकती है। वहीं दूसरी तरफ अव्वल आने वाला छात्र, इस लिए खुश नहीं होता

की उसने कुछ हासिल किया है, बल्कि इसलिए, की उसने सब को पीछे छोड़ दिया है। यह सदियों से चली आ रही प्रथा है। इस समय हर कोई, उस छात्र के बारे में ही बातें करते फिरते हैं। यही वह दिन होता है, जब वह छात्र अपने सारे पिछले कारनामों की बात करता है। वैसे तो चाहे वह छात्र अब तक अपनी सारी बातें सबसे छिपाता आया हो, लेकिन ऐसे मौके पर वह अपनी सारी सच्चाइयों का चिट्ठा खोल देता है। वह भी यह सोचता है की आज मौका मिला है, जो बोलना हो बोल लो, पता नहीं फिर से ऐसा मौका मिले या ना मिले। एक तरफ तो वो, यह कहता फिरता है की मेरे दोस्त बहुत अच्छे हैं, उनकी खुलकर तारीफ करता है। लेकिन वहीं दूसरी तरफ, वह उन्हें जलाने की भी कोई कसर नहीं छोड़ता है। अरे! अब हैं तो सब इंसान ही, बहुत वह तुम्हारी सफलता से खुश हैं, लेकिन अगर बात खुद की हो तो वह इंसान जलेगा तो है ही...।

हम इंसानों की फितरत ही ऐसी होती है। खैर छोड़ो यह सब, यह सब तो समाज से जुड़ी हुई बातें हैं। यह सब तो हम लोग आए दिन अपने आस-पास देखते रहते हैं। इस दुनिया में, जीवन रूपी किताब के इन रहस्यमय पाठों को, ठीक से, आज तक ना तो कोई समझ पाया है और युगों-युगों तक, ना ही कभी कोई ठीक से समझ पायेगा।

चलिए आइये हम लोग इस जीवन रूपी समुद्र से बाहर आते हैं और फिर से अपनी पुरानी कहानी को आगे बढ़ाते हैं। वैसे अगर बीच-बीच में ऐसी बातें होती रहती हैं तो दिमाग थोड़ा तरो-ताज़ा हो जाता है।

मैं अभी तक इन बातों का जिक्र इसलिए, कर रहा था क्योंकि अब आगे जो एक छोटी सी कहानी मैं आपको बताने जा रहा हूँ, उसका इन सब बातों से कहीं ना कहीं से सम्बन्ध ज़रूर है। मेरे पास इन्हीं सब बातों से सम्बंधित एक छोटी सी कहानी है।

दरअसल, यह कहानी हमारे (तर्पण, अत्सर और अंकुर) **नए पड़ोसी** के जीवन से सम्बन्धित है। वैसे अगर देखा जाए तो हम लोग उनके नए

पडोसी थे। क्योंकि, घर तो हम लोगों ने बदला था। आइये थोडा विस्तार से, इस कहानी के बारे में बात करते हैं।

दरअसल, यह कहानी हमारे नए पडोसी 'भारुखा पंचद्घोरा लाल तिवारी' और उनके बेटे 'फुर्शतिया भारुखा पंचद्घोरा लाल तिवारी' की है। अब तिवारी जी के बेटे का नाम इतना बड़ा था, इसलिए, हम इन्हें 'फुर्शतिया' ही कह कर बुलाते थे। वैसे भी इतना बड़ा नाम बोलना किसी के भी बस में नहीं था। वैसे भी, हमें नाम से क्या लेना-देना...। आइये हम लोग तिवारी जी के कारनामों पर बाते करते हैं।

यह वह तिवारी जी हैं, जिन्हें अपने बेटे पर बहुत नाज था। वैसे तो हर माता-पिता को अपने बेटे या बेटी पर नाज होता है। लेकिन तिवारी जी कुछ ज्यादा ही अपने बेटे की तारीफ करते थे। उनका बेटा मेडिकल कॉलेज में दाख़िला लेने के लिए होने वाली परीक्षा की तैयारी कर रहा था। और तो और, उनका बेटा भी नंबर एक का दलाल था। इस बात से तिवारी जी बिल्कुल वाकिफ नहीं थे। यही वजह थी की वह हमेशा अपने बेटे की तारीफ करते फिरते थे। अब इसमें उनकी भी क्या गलती थी। उनका बेटा उनके सामने जैसा व्यवहार करता था, उस हिसाब से तो उनकी नजर में वह सही ही था। तिवारी जी परीक्षा से पहले खूब तारीफ कर रहे थे की मेरा बेटा अव्वल आएगा। लेकिन उनकी यह बात भगवान को अच्छी नहीं लगी। परीक्षा हुई, परिणाम आया और उनका बेटा अव्वल ना सही, अच्छी रैंक ज़रूर ले आया। चलो कोई नहीं, भले ही उनके बेटे ने टॉप नहीं किया था, लेकिन अच्छी रैंक तो ले ही आया था। इस बात से तिवारी जी भी खुश थे। लेकिन उन्हें क्या पता था की बहुत जल्द उनकी यह दो पलों की ख़ुशी गायब भी होने वाली थी।

दरअसल, पूरी बात कुछ इस तरह से थी की उनके बेटे ने परीक्षा में अच्छे नंबर तो ले आ लिए थे, लेकिन खुद मेहनत करके नहीं बल्कि नकल करके। इस काम के लिए उसने काफी रुपये भी खर्च किए थे।

तिवारी जी का बेटा परीक्षा फ़िक्सिंग का काम करता था। वह दूसरों से पैसे लेकर उनकी जगह पर परीक्षा देता था। उसने चंद पैसों के लिए खुद की परीक्षा भी दूसरों से दिलवाया था और खुद दूसरों की परीक्षा देने पहुँच गया। उनका बेटा पढ़ने में तो ठीक था। अगर वह खुद अपनी परीक्षा देता तो शायद वह तिवारी जी के सपनों को ज़रूर सच करता। इस काले धंधे में उसकी कीमत ज्यादा थी। इसलिए, उसने परीक्षा में अपनी जगह किसी और को बैठाया था। रिजल्ट के बाद, जब इस बात का पता चला तो फिर इस परीक्षा परिणाम को रद्द कर दिया गया। इसके बाद इस परीक्षा को फिर से कराया गया। फुर्शतिया तिवारी को जेल भेज दिया गया। उस लड़के ने थोड़े से रुपयों के लिए अपनी लाइफ़ बर्बाद कर लिया था।

यह पहला छात्र नहीं था, जिसने इस तरह की हरकत की थी। इसके पहले भी कई ऐसे छात्रों ने ऐसा काम किया है। यह तो तिवारी जी की किस्मत ही फूटी थी की उन्हें रंगे हाथों पकड़ लिया गया। ऐसे ही लोगों की वजह से, शिक्षा का अस्तर गिर गया है। इन्हीं लोगों की वजह से, मेहनत करके पढ़ाई करने वाला छात्र परीक्षा को पास करने से रह जाता है और अंत में वह थक हारकर कोई गलत कदम उठा लेता है। फुर्शतिया तिवारी की इस हरकत की वजह से, उसे लाइफ़ टाइम के लिए परीक्षा से वंचित कर दिया गया। वैसे इस मामले में माता-पिता भी क्या कर सकते हैं। माता-पिता तो हमेशा अपने बच्चों के पीछे भागते नहीं रहेंगे। वह हमें बस इतना समझा सकते हैं की हमें अपना काम किस तरह से करना चाहिए। जहाँ तक मुझे मालूम है, तिवारी जी ने भी अपने बेटे को अच्छे आचरण देने में कोई कसर नहीं छोड़ा था। केवल तिवारी जी के अच्छे आचरण देने से थोड़ी ना कुछ होता है। बच्चों का खयाल रखना तो माता-पिता दोनों की जिम्मेदारी होती है।

एक तरफ जहाँ तिवारी जी अपने बेटे को एक अच्छा इंसान बनाने में लगे थे, वहीं तिवारी जी की बीवी उसे बिगाड़ने में लगी थी। मैं मानता हूँ, बच्चों के साथ प्यार से पेश आना चाहिए। लेकिन इतना भी नहीं की उसकी हर गलतियों को आप नजरंदाज करते रहो। यही वजह थी की तिवारी जी चाहकर भी अपने बच्चे को गटर में गिरने से नहीं बचा पाए। तिवारी जी हमेशा घर पर तो रहते नहीं थे। उन्हें तो अपना बिज़नस भी देखना था और फिर सब को पता है की एक व्यापारी के पास कितना टाइम होता है। फिर भी तिवारी जी को, जो भी समय मिलता था, वह पूरे समय अपने बेटे को सही रास्ते पर चलना सिखाते थे। लेकिन वहीं दूसरी तरफ तिवारी जी की बीवी अपने बेटे की हर गलतियों को नजरंदाज कर देती थी। तिवारी जी की बीवी को पता था की उनका बेटा ऐसे काम करता है। लेकिन उन्होंने इस बात को छिपा लिया और इसी वजह से उनके बेटे को जेल जाना पड़ा। अगर तिवारी जी की बीवी अपने बेटे की हरकतों को नजरंदाज ना करके, उसे उस काम से रोकती तो तिवारी जी को यह दिन ना देखना पड़ता।

बेचारे तिवारी जी बहुत अच्छे इंसान थे। अपने बेटे के जेल जाने के हादसे को तिवारी जी बर्दाश्त नहीं कर पाए और गहरे दिल के दौरे की वजह से कुछ दिनों बाद उनकी मृत्यु हो गई। वह इस सदमे को बर्दाश्त नहीं कर पाए। तिवारी जी दिल के मरीज थे। इस दुनिया में कई ऐसे लोग हैं, जो सदमे को बर्दाश्त नहीं कर पाते हैं।

मैं हर माँ के बच्चों से यह प्रार्थना करता हूँ की कृपा करके आप ऐसा ना करें, जिससे आपको या फिर आपके माता-पिता को आपकी गलतियों का खामियाजा भुगतना पड़े। इस दुनिया में, इंसान का सबसे बड़ा दुश्मन धन है। आप थोड़े से धन के लिए, अपने कीमती जीवन को तबाह ना कीजिये।

सदियों पुरानी कहावत है की 'जो जैसा करता है उसे उसका उसी तरह का परिणाम भी मिलता है।' लेकिन कभी-कभी तिवारी जी जैसे अच्छे लोगों को भी इसका खामियाजा भुगतना पड़ता है। वैसे भी यह दुनिया तो सुख और दुःख का संगम है। यहाँ पर हर इंसान को सुख और दुःख दोनों तरह के समुन्दर को पार करना पड़ता है और यह सार्वभौमिक सत्य है।

अब जहाँ इस दुनिया में तिवारी जी जैसे लोग हैं, जो अपने बच्चे को आगे बढ़ने के लिए प्रोत्साहित करते हैं, तो वहीं इस दुनिया में कुछ ऐसे भी माता-पिता हैं, जो अपने ही बच्चों के साथ बड़ी ही क्रूरता से पेश आते हैं।

दरअसल, यह बात अर्ध राज्य बोर्ड में पढ़ाई करने वाले एक छात्र की है। दसवीं कक्षा में पढ़ाई करने वाला 'अरुण तिवारी' हमारी ही कक्षा में था। अरुण पढ़ने में बहुत अच्छा था। वह हमेशा परीक्षा में अव्वल आता था। वह हमेशा अपनी पढ़ाई को अच्छा बनाने में लगा रहता था। वह ना तो किसी से मिलाता था और ना ही किसी से बात करता था। स्कूल से सीधे घर और घर से सीधे स्कूल जाना ही उसका रोज का काम था। रास्ते में एक मिनट के लिए भी वह इधर-उधर नहीं जाता था। रास्ते में अगर कोई उससे मिलता भी तो वह बिना रुके ही उससे बातें करते हुए चला जाता था। वह अपनी सारी बातों को चन्द शब्दों में ही खत्म कर देता था। पूरे स्कूल में, उससे सीधा छात्र कोई नहीं था। बाकी के छात्र की तरह, वह अलग से किसी दूसरी प्रतियोगिता में भी भाग नहीं लेता था। जबकि उसे गाना-गाना बहुत पसंद था।

हम लोगों को जब भी समय मिलता था, हम लोग उसके पास जाते थे और उससे कोई ना कोई गाना-गाने के लिए अपील करते थे। वह खेलता-कूदता नहीं था। इसलिए, हम लोग उससे इस तरह का काम करने के लिए बोलते थे। जिससे वह थोडा तनाव मुक्त हो जाए। क्योंकि

हमेशा पढ़ते रहने की वजह से, वह थोडा चिडचिड़ा भी हो गया था। हम लोग जब पहली बार स्कूल में उससे मिले थे तो वह उस समय बहुत ही खुश-मिजाज का लड़का था। उसके अन्दर, इस तरह का बदलाव उसके पापा जी की वजह से आया था। वह अत्सर से भी ज्यादा कूल रहने वाला छात्र था। अत्सर भी ऐसा ही था। वह भी खेल-खेल में ही अपनी पढ़ाई कर लेता था। फर्क बस इतना था की अत्सर के मम्मी-पापा, अरुण के पापा जैसे नहीं थे। वे अत्सर को खेलने से नहीं रोकते थे। लेकिन अरुण के पिता जी बहुत ही अलग ख़यालात के थे। उनके हिसाब से पढ़ाई के साथ कोई दूसरा काम नहीं किया जा सकता। उन्होंने उसे पूरी तरह से बांध दिया था। अरुण गायक बनना चाहता था। लेकिन उसके पापा ऐसा नहीं चाहते थे। वह उसे इंजीनियर बनाना चाहते थे। जबकि उसका मन पढ़ाई में नहीं लगता था। पढ़ाई में मन न लगने के बावजूद, अरुण पूरी क्लास में अव्वल आता था। शुरुआत में ऐसा नहीं था। उसके पूरी क्लास में अव्वल आने का सिलसिला, उसके छठवीं कक्षा में केवल पास होने जितना नंबर लाने की वजह से शुरु हुआ था। उसके पापा ने, उससे यह कहा था की अगर उसने पढ़ाई के अलावा कहीं और मन भटकाया तो वह उसे घर से निकाल देंगे। उस समय उसकी उम्र ही कितनी थी? उस समय तो कोई भी बच्चा हो, डर ही जायेगा। तब-से अरुण ने पढ़ना शुरु कर दिया था।

अब उसके अच्छे नंबर आने लगे थे। सातवीं कक्षा में, वह पूरी कक्षा में दूसरे नंबर पर रहा। लेकिन अरुण के पापा चाहते थे की वह पूरे स्कूल में अव्वल आए। अरुण ने अपनी तरफ से पूरी कोशिश किया। लेकिन वह पूरे स्कूल में तो नहीं बल्कि अपनी पूरी क्लास में ज़रूर अव्वल आया। अब यह सिलसिला दसवीं कक्षा तक चलता रहा। नौवीं की परीक्षा देने के बाद, जब हम लोग दसवीं में पहुंचे तो उसके पापा ने उस पर बल दिया की अब वह पूरे बोर्ड में अव्वल आए। इससे पहले तो, वह

अपने कक्षा के छात्रों के साथ कुछ बात-चित भी कर लेता था। लेकिन अब वह किसी से बात भी नहीं करता था। ऐसा करने के लिए उसके पापा ने ही उससे कहा था। यही वजह थी की जब भी हमें खाली समय मिलता था, हम लोग अरुण के पास चले जाते थे। घर पर तो उसके पापा जी उसे किसी से मिलने नहीं देते थे। इसलिए, हम लोग स्कूल का खाली समय उसके साथ ही बिताते थे। इस काम में अत्सर ही आगे था। वह दूसरों को परेशान नहीं देख सकता था। वैसे भी, अरुण से तो उसकी अच्छी दोस्ती थी।

अत्सर भले ही ज्यादातर मेरे साथ रहता था, लेकिन वह तारीफ अरुण की ही करता था। इस बात से मुझे थोड़ी सी, उससे जलन भी होती थी। क्लास ओवर होते ही, लंच टाइम में अत्सर उसके पास पहुँच जाता था। मैं भी उसके साथ जाता था। लेकिन मैं कभी-कभी खेलने भी निकल लेता था। अत्सर ने अब स्कूल में खेलना बंद कर दिया था। उसका कहना था की मैं तो घर पर थोडा-बहुत खेल लेता हूँ। थोडा बहुत टीवी भी देख लेता हूँ। लेकिन अरुण तो ऐसा नहीं कर पाता ना...। उसे आज हमारी ज़रूरत है। अगर मैं आधे घंटे अपने खेलने का समय निकालकर दूसरे के लिए दे दूंगा तो उससे मुझे कोई नुकसान नहीं हो जायेगा। वैसे भी संगीत भी एक तरह से मनोरंजन ही है। अत्सर लंच का एक मिनट भी बेकार नहीं जाने देता था। वह पूरे लंच टाइम अरुण के साथ ही गुजारता था। उसके साथ-साथ मैं भी लगा रहता था। वह अपने साथ कई लड़कों को क्लास में इकट्ठा करता था और अरुण उसके कहने पर उन्हें अपने संगीत से मनोरंजित करता था। मुझे भी धीरे-धीरे ऐसा करने में मजा आने लगा था। इस लिए, लंच की घंटी बजने के बाद, मैं तुरंत अत्सर से अरुण के पास जाने के लिए बोलता। अरुण था तो हमारी ही कक्षा में, लेकिन उसका सेक्शन अलग था। हम लोग अरुण से नए पुराने हर तरह के गाना-गाने के लिए बोलते थे और वह हमें सुनाता भी था। अरुण का

सेक्शन दूसरा था, इसलिए, हमें टीचर के जाने का इंतजार करना पड़ता था। जिससे हम लोग उसके पास जा सकें। हमारा यह सिलसिला कई दिनों तक चलता रहा। दो महीने बाद हम लोगों की बोर्ड की परीक्षा थी। अरुण घर पर पढ़ाई करते समय कभी-कभी थोड़ा गुनगुनाने लगता था, जो उसके पापा को पसंद नहीं था। इसलिए, उन्होंने इस बात का पता लगाना शुरु किया की इसका मन पढ़ाई से भटक क्यों रहा है?

हमारे ही क्लास में एक लड़का था, जो अरुण का पडोसी था। अत्सर की उससे पटती नहीं थी। उसके और अत्सर के बीच किसी बात को लेकर थोड़ी सी अनबन थी। पहले उस लड़के को यह पता नहीं था की अरुण के पापा ने उसे गाने से रोका है, नहीं तो अब तक वह कब का उन्हें सारी बात बता चूका होता। लेकिन जब अरुण के पापा ने उससे अरुण पर नजर रखने के लिए कहा। तब उसने उसी समय, उनसे सारी बात बता दिया। इस बात से नाराज होकर अरुण के पापा ने, अरुण को सख्त हिदायत दी की अब वह अत्सर से नहीं मिलेगा। यहाँ तक की उन्होंने स्कूल के प्रिंसिपल से भी शिकायत कर दिया। इसकी वजह से प्रिंसिपल ने अत्सर को स्कूल में प्रवेश करने से रोक लगा दिया। बोर्ड परीक्षा से पहले एक महीने की छुट्टी दी जाती है। जिससे छात्र अच्छे से अपने विषयों को तैयार कर सकें। अब स्कूल के बंद होने में दश दिन और बाकी थे। अब तक हमारा कोर्स लगभग पूरा भी हो गया था। जो बाकी रह गया था, उसके नोट्स, मैं ले जाकर उसे दे देता था। पहले तो जब अत्सर के पिता जी को इस बात का पता चला तो उन्होंने उस पर बहुत गुस्सा किया। लेकिन पूरी बात जानने के बाद उन्होंने उसे डांटने के बजाय गले से लगा लिया। और कहा कोई नहीं स्कूल में नहीं जाने दिया जायेगा तो क्या हुआ तुम्हारा जो भी कोर्स बाकी है, उसे तुम घर पर ही बैठकर पूरा कर लो। उस दिन से अत्सर के पिता, अत्सर से और भी ज्यादा खुश रहने लगे।

बोर्ड की परीक्षा खत्म हुई। एक महीने बाद परीक्षा परिणाम आया। मैं और अत्सर क्रमशः 75 और 72 फीसदी अंक से परीक्षा में पास हुए। अरुण ने 80 फीसदी से अपनी परीक्षा को पास किया। लेकिन वह अपने पापा के उम्मीदों पर खरा नहीं उतर पाया। इसकी वजह से उसने खुद-खुशी कर लिया। अत्सर को जब इस बात का पता चला तो उसने खाना-खाना ही बंद कर दिया। उसके दुःख में सब लोग दुःखी थे। अरुण के जाने का दुःख सब को था। लेकिन अत्सर सबसे ज्यादा दुखी था। वह तो पुलिस स्टेशन भी पहुँच गया। उसने अरुण के पिता के खिलाफ शिकायत भी दर्ज करवाया। अरुण के पिता को जेल में बंद कर दिया गया। लेकिन दूसरे दिन ही अत्सर के पिता ने उन्हें बाहर निकाल लिया। उन्होंने ऐसा इसलिए, किया क्योंकि अब अरुण के पापा को अपनी गलतियों का एहसास हो गया था। लेकिन... 'अब पछताए होत का? जब चिड़िया चुग गई खेत।' अब तो अरुण वापस नहीं आने वाला था। अत्सर ने दो दिन तक खाना नहीं खाया। उसकी मम्मी जी उसके पीछे हमेशा लगी रहती थी की वह कुछ तो खा ले। लेकिन उसने जिद पकड़ रखी थी की वह खाना नहीं खायेगा। दूसरे दिन जेल से आने के बाद, अरुण के पापा, अत्सर के घर आए और अत्सर से माफ़ी माँगा और उससे खाना-खाने के लिए कहा। उन्होंने कहा की वह उन्हें जो सजा देगा वह सहने के लिए तैयार हैं। अत्सर से बात करते समय अरुण के पापा की आँखों से आँसू बहते रहे। सबके बहुत समझाने के बाद अत्सर ने खाना-खाया। लेकिन साथ ही साथ उसने अरुण के पिता से यह भी कहा की आज के बाद वह अपनी सकल भी उसे ना दिखाएँ। क्योंकि जब भी वह उन्हें देखेगा, उसे अरुण की याद आएगी और वह उस समय उनके साथ कुछ भी कर सकता है। इस बात को लेकर अत्सर के पिता ने उसे समझाया था की वह ऐसा ना करे। लेकिन वह नहीं माना। कुछ दिनों

बाद ही, हम लोग इंजीनियरिंग एंट्रेंस एग्जाम की तैयारी के लिए होम टाउन से दर्शन सिटी आ गये थे।

इस तरह की बहुत सी घटनाएँ इस दुनिया में आए दिन घटित होती रहती हैं। माता-पिता की क्रूरता की वजह से छात्र को अपनी जान तक गवानी पड़ती है। हाँ! यह सब को पता है की माता-पिता जो भी अपने बच्चों को करने के लिए बोलते हैं, वह सब उनके हित में ही बोलते हैं। लेकिन अब इतना भी क्रूर नहीं होना चाहिए की आपको अपने बच्चों की खुशियाँ भी ना दिखें। वैसे भी अगर घोड़े से यह उम्मीद रखी जाए की वह ऊंची इमारत पर चढ़ जाए, जो की मुश्किल है। हाँ यह सच है की घोडा दौड़ने में माहिर होता है। लेकिन इतना भी नहीं की उससे आप वह काम करवाओ जिसे वह शायद ही पूरा कर सकता है।

यह तो समाज में होने वाली एक छोटी सी हलचल थी। हमें दूसरों की गलतियों से कुछ ना कुछ सिख ले लेना चाहिए। ऐसी बहुत सी घटनाएँ हमारे आस-पास घटित होती रहती हैं। जिनसे हमें अपनी लाइफ़ में कुछ ना कुछ सीखने का मौका मिलता है। साथ ही साथ उस गलती को अपनी लाइफ़ में ना दुहराने का भी मौका हमें एक बार ज़रूर मिलता है। ऐसी घटनाओं के बारे में हम अगर बात करना शुरू करें तो हमारे लिए समय ज़रूर कम पड़ जायेगा, लेकिन फिर भी हमारी बातों का अंत नहीं होगा। इसलिए, मैं अपनी बात को यहीं पर विराम देता हूँ और अपनी पुरानी कहानी पर वापस आता हूँ, जिसके बारे में हम लोग पहले चर्चा कर रहे थे।

भुलाने की नाकाम कोशिश

अत्सर ने मुंबा विश्वविद्यालय में दाखिला तो ले लिया था, लेकिन उसके सामने अभी भी यह प्रॉब्लम थी की वह परीक्षा कैसे देगा। अत्सर एंट्रेंस एग्जाम से तो बच गया था। लेकिन उसके सर से समस्या अभी टली नहीं थी। अभी भी उसे उतनी ही मेहनत करने की ज़रूरत थी, जितनी की उसे एंट्रेंस एग्जाम के लिए करनी चाहिए थी। अत्सर कालेज में तो आ गया था, लेकिन वह अभी भी स्वास्ती को भूल नहीं पाया था। उसने मुंबा विश्वविद्यालय से पढ़ने का मन इसीलिए बनाया था, जिससे वह उसे भूल जाए। कालेज में वह नए-नए छात्रों से मिला। जब तक वह कालेज में रहता, तब तक तो वह सारी बातें भूल जाता था। लेकिन जैसे ही कालेज छोड़कर, अपने फ्लैट पर पहुंचता था, उसे सारी बातें याद आना शुरू हो जाती थी। क्योंकि यहाँ भी वह वैसे ही रह रहा था जैसे वह दुर्शन में रह रहा था। जैसा की बारहवीं के बाद, जब हम लोग कोटा चले गए थे, तो वह फिर अकेले ही रह रहा था। उसे उसके समस्या का समाधान अभी भी

नहीं मिल पाया था। कभी-कभी अत्सर भी अपनी आदतों से परेशान हो जाता था। घर पर अकेले रहने की वजह से, वह कभी-कभी हताश भी हो जाता था। हालांकि इससे बचने लिए उसने कई तरीके ढूंढ रखे थे। जैसे की मूवी देखना, पियानो सीखना, वीडिओ गेम्स खेलना इत्यादि। वह हमेशा अपने-आपको व्यस्त रखने की कोशिश करता रहता था। इतनी कोशिश करने के बावजूद वह उसे नहीं भूल पाया। आखिरकार उसने उसे सोशल मीडिया पर खोजना शुरु किया। उसे उसके बारे में बहुत कुछ मालूम तो था नहीं, उसके नाम के अतिरिक्त...।

दो-तीन महीने की कड़ी मेहनत के बाद, आखिरकार उसने उसे ढूंढ ही निकाला। उसने अंदाजा लगा लिया था की शायद उसे एस.बी.सी.आई. सिंधपुर में दाखिला मिला होगा। इसलिए, उसने एक दिन डायरेक्ट उसी पते पर उसे ढूंढा और इस प्रकार उसने उसे फेसबुक पर ढूंढ निकाला। अब उसने उसे ढेर सारी बातें लिखकर भेजना शुरु किया। अत्सर एक बार उसे सन्देश लिखने के बाद लाग आउट कर देता और फिर एक-दो महीने के बाद फिर से लॉग इन करता तो उसकी तरफ से कुछ ना कुछ प्रति उत्तर आया रहता था। शुरु में तो उसने इधर-उधर ही प्रति उत्तर किया। लेकिन बाद में, जब अत्सर सेकंड ईयर में पहुंचा और उसने एक बार उसे मैसेज किया और वह उसे मैसेज करता भी नहीं अगर उसे स्वास्ती के सकल की लड़की मुंबा में नहीं दिखी होती। वह लड़की उसी की तरह दिख रही थी।

उस लड़की को देखने के बाद उसे स्वास्ती के बारे में जानने का मन किया। पहले तो जब उसने उसे देखा तो उसे लगा की जैसे वह स्वास्ती ही हो। लेकिन काफी अच्छे से देखने के बाद उसे पता चला की वह लड़की भले ही उसके जैसी दिख रही थी, लेकिन वह स्वास्ती नहीं थी।

उसने अपने मैसेज में लिखा की वह अभी उसे भूल नहीं पाया है। उसे सोते जागते कभी ना कभी उसकी याद आ ही जाती है।

इसी तरह से उसने और भी कुछ बातें लिखा और फिर पहले की तरह उसने कुछ समय के लिए बंद करके रख दिया। लेकिन इस बार उसने ज्यादा समय के लिए इंतज़ार नहीं किया। इस बार उसने दूसरे दिन ही फेसबुक लॉग इन किया। उसने मैसेज बॉक्स खोला तो स्वास्ती की तरफ से रिप्लाई आया था।

उसने रिप्लाई में लिखा था की वह उसे पहचान नहीं रही है की वह (अत्सर) कौन है?

अब क्या, एक पल के लिए अत्सर को गुस्सा तो आया लेकिन कोई नहीं उसने उसे संकेतो में ही याद दिलाया। तब उसने रिप्लाई किया की हाँ याद आया। अब उसने अत्सर के बारे में पूछा की वह इस समय क्या कर रहा है?

अब उनके बीच की बातचीत लगभग पंद्रह मिनट तक चली। इस बीच वह दोनों एक दूसरे के बारे में ही जानते समझते रहे। उस दिन का समय तो जानने-समझने में ही चला गया। जो बात उन्हें एक-दूसरे के बारे में मालूम थी, उसके बारे में भी उन दोनों ने बात किया।

काफी देर हो गई थी, दूसरे दिन कालेज भी जाना था। इसलिए, अत्सर ने अलविदा बोला और लाग आउट कर दिया।

यह रविवार का दिन था। अत्सर ने इतने दिन में यह तो पता कर लिया था की वह केवल शनिवार और रविवार को ही ऑनलाइन आती थी। वैसे तो वह फेसबुक महीनों के बाद ही लॉग इन करता था। लेकिन इस बार उसने अगले रविवार को फिर से लॉग इन किया और पहले की तरह, सबसे पहले अत्सर ने ही मैसेज किया। वह तो अपनी तरफ से कभी मैसेज करती नहीं थी, क्योंकि वह तो अपनी दुनिया में ही मस्त रहती थी। और हो भी क्यों ना, आखिरकार वह इंजीनियरिंग छात्रा थी। वैसे तो बी.एस.सी. करने वाला छात्र भी किसी से कम नहीं होता है। लेकिन अगर बात किया जाए दक्षिण प्रदेश की तो, वहाँ पर तो इंजीनियरिंग का

ही बोल-बाला है। हालाँकि स्वास्ती पढ़ने में भी बहुत अच्छी थी और इस बात से अत्सर भी वाकिफ था। वह तो स्वास्ती को अपने से ज्यादा ही समझता था। वैसे भी प्यार में तो हर कोई अपनी दूसरी पार्टी को अपने से बड़ा ही समझता है और अगर बात हो एक तरफ़ा प्यार की तो, पूछो मत...।

उसने उसके हालात के बारे में पूछा की वह कैसी है। जैसा की हम भारतीयों में रिवाज है। हमें सब कुछ मालूम होता है, फिर भी हम अपने बातचीत में यह एक लाइन जोड़ते ज़रूर हैं और हमें जोड़ना ही पड़ता है, अगर हमें किसी से पहले बात करना है। कुछ समय बाद, स्वास्ती ने रिप्लाई किया की वह अच्छी है। अब उसने उसके बारे में पूछा की वह (अत्सर) कैसा है? अत्सर ने अपने रिप्लाई में, 'सब कुछ ठीक ही है' ऐसा लिखा। लेकिन इस बार उनके बातचीत का सिलसिला ज्यादा समय तक चल नहीं पाया। क्योंकि इस बार अत्सर ने एक बात बोला...

'और प्रिये तुम्हारी पढ़ाई कैसी चल रही है...?'

अब इस मैसेज का रिप्लाई देखने के लिए, जब उसने फिर से मैसेज बॉक्स खोला तो उसने देखा की, उसने उसे (अत्सर को) ब्लाक कर दिया था। इस बात से अत्सर को कोई परेशानी नहीं हुई और उसने भी फेसबुक लॉग आउट करके रख दिया। इस बार उसने सोचा की अब वह कभी भी उसे संपर्क करने की कोशिश नहीं करेगा और उसने उस समय अपना फेसबुक अकाउंट ही निष्क्रिय कर दिया। उसने सोचा, ऐसा करने से उसे उसके बारे में खयाल आने बंद हो जायेंगे।

ठिठोली

अप्रैल की पहली तारीख, हँसी के रंग लाए,
परिहास बनाकर सभी ने, मासूमों को छलाए।

उधर अत्सर अपनी फेसबुक की दुनिया में व्यस्त था। तो दूसरी तरफ मैं और अंकुर भी अपनी-अपनी लाइफ़ में व्यस्त थे। मैंने भी मुंबा प्रौद्योगिकी विश्वविद्यालय में दाखिला ले लिया था। अंकुर के पास दो विकल्प थे, या तो वह इंडियन इंस्टिट्यूट ऑफ़ टेक्नोलॉजी 'गलवान' में दाखिला ले सकता था या फिर एम.एस.एस.आई.टी. दुर्शन में दाखिला ले सकता था। लेकिन पहले विकल्प में उसे उसके पसंद का कोर्स नहीं मिल रहा था। इसलिए, उसने दुर्शन में ही रहना पसंद किया। मेरी (तर्पण) कालेज लाइफ भी आराम-आराम से चल रही थी। मैं इतनी दूर चला तो आया था लेकिन मेरा मन भी प्रिया की ओर ही लगा रहता था। हाँ इतना था की हम लोग अत्सर की गलतियों से कुछ ना कुछ सीख ले लेते थे। अत्सर खुद हमें समय-समय पर समझाता रहता था। वह हम दोनों से हमेशा यही कहता था की पहले तुम अपनी पढ़ाई पर ध्यान दो बाद में बाकी सब पर...। अब भले ही वह खुद स्वास्ती के प्यार में पागल

था। लेकिन वह हम दोनों को इन सब चक्कर में नहीं पड़ने देना चाहता था। उसी की वजह से हम लोग इन सब हरकतों से बचे हुए थे। फिर भी मुझे जब भी प्रिया की याद आती थी, मैं उससे फ़ोन पर बात कर लेता था। लेकिन अत्सर की लाइफ़ तो अभी भी पहले की तरह ही थी। क्योंकि उसे उसके अतिरिक्त कोई लड़की पसंद ही नहीं थी। अंकुर भी समय-समय पर हमें दुर्शन की खबर देता रहता था। अपनी जिंदगी तो ऐसी ही चल रही थी।

दो साल तक तो सब कुछ अच्छे से चलता रहा। द्वितीय साल के दूसरे सेमेस्टर का एग्जाम आ गया था। एक महीने में एग्जाम होने थे। मैं अपनी पढ़ाई में लगा हुआ था। मैं हास्टल में रह रहा था। रात के दस बज रहे थे। मेरे सेल फ़ोन की घंटी ने मुझे आवाज दिया। मैंने फ़ोन रिसीव किया। यह प्रिया की फ़ोन कॉल थी। उसने मेरे से बात करने के लिए कॉल किया था। वैसे भी उससे बात किए हुए दो हफ्ते हो गए थे। इस समय एग्जाम का समय था। इसलिए, मैं प्रिया की ओर ज्यादा ध्यान भी नहीं दे पा रहा था। जैसे ही मैंने फ़ोन रिसीव किया। फ़ोन के स्पीकर से आवाज आई, क्या हुआ, तर्पण जी! मुंबा में कोई दूसरी पार्टी मिल गई क्या? दो हफ्ते से ना कोई फोन ना कोई कॉल। मैंने प्रति उत्तर में कहा- अरे नहीं, ऐसा कुछ नहीं है, इस समय एग्जाम का समय है, एक महीने बाद एग्जाम है। तब उसने कहा- अच्छा कोई नहीं, पढ़ाई करो, मैंने तो बस ऐसे ही कॉल किया था। मैंने भी उससे उसकी पढ़ाई के बारे में पूछा। वह एस.एस.सी. की तैयारी में लगी थी। उसने कहा की उसकी पढ़ाई भी ठीकठाक चल रही है। मैंने उससे उसके मम्मी-पापा और रिया व अर्पिता के बारे में पूछा। उसने कहा- सब ठीक हैं, वह लोग तुम दोनों को बहुत याद करते हैं। एक भी ऐसा दिन नहीं होता, जब अर्पिता और रिया दीदी तुम लोगों के बारे में बात ना करें। इसके बाद उसने अत्सर के बारे में पूछा। उसने कहा- 'वो तो जैसे हमें भूल ही गया हो।' रिया दीदी उसी के

गुण गाती रहती हैं। मैं और अर्पिता दीदी जब कभी अत्सर के बारे में उनसे मजाक भी करते हैं तो वह एक ही बात कहती हैं की मेरा दोस्त बहुत अच्छा है। वह उसके बारे में एक शब्द भी गलत नहीं सुनना पसंद करती हैं।

हम लोगों की बातें चल ही रही थी की तभी पीछे से आवाज आई प्रिया किससे बात कर रही है, इतनी रात को? प्रिया ने कहा- तर्पण से। इतना सुनते ही प्रिया के हाथ से फ़ोन ले लिया गया। दूसरी तरफ से आवाज आई- कैसे हो तर्पण? वह अर्पिता थी, उसने भी वही बात कहा की क्या बात है, तुम लोग हमें भूल गए हो क्या? तब मैंने कहा- नहीं ऐसा नहीं है। मैं जब भी प्रिया से बात करता हूँ, तो तुम दोनों के बारे में उससे ज़रूर पूछता हूँ। उसने कहा- इसका मतलब, तुम लोगों की बाते होती रहती हैं और मुझे खबर भी नहीं है। चलो खैर कोई नहीं, और बताओ अत्सर कैसा है? मैंने भी बोल दिया की वह बहुत अच्छा है। इतने में पीछे से एक आवाज और आई...। किससे गपशप करने में लगे हो तुम लोग? अर्पिता ने कहा- अरे! रिया दीदी, तर्पण है। उसने कहा- ऐसा क्या? उसने जल्दी से अर्पिता के हाथ से फोन छीन लिया और सीधे अत्सर के बारे में पूछा की वह कहाँ और कैसे है? उसने कहा- मैंने सुना है, तुम दोनों साथ-साथ नहीं रहते हो। अब तो वह पतला भी हो गया होगा। खाना पकाने में तो वह बहुत आलसी है। उसने मेरे से पूछा की हम दोनों साथ-साथ क्यों नहीं रहते। मैंने उससे बताया की मैं हास्टल में रहता हूँ। तब उसने कहा- तो उसने (अत्सर) हास्टल क्यों नहीं लिया? तब मैंने उससे बताया की वह इसलिए, क्योंकि उसके कालेज में हास्टल नहीं था। यहाँ पर कुछ पी.जी. हैं, लेकिन उसने पी.जी. में रहना पसंद नहीं किया। इसलिए, उसने फ्लैट में ही रहना पसंद किया। उसने कहा- तो तुम भी उसके साथ फ्लैट में चले जाते। तब मैंने उससे कहा- मैं तो उसके साथ जाने के लिए तैयार था, लेकिन उसने ही मुझे वहाँ आने से मना कर दिया। उसने ऐसा

इसलिए, किया क्योंकि उसका कालेज मेरे कालेज से बहुत दूर था। उसने अपने कालेज के पास में ही फ्लैट ले रखा है। वहाँ से मुझे काफी दूर आना पड़ता। लेकिन कोई नहीं, दूरी की समस्या नहीं थी। मैं तो फिर भी उसके साथ रहने के लिए तैयार था। उसी ने मुझे रहने से मना किया तो मैं क्या करूँ। मैंने तो हास्टल के लिए फार्म भी नहीं भरा था। उसी ने जाकर मेरे लिए फार्म भर दिया। उसने मेरे लिए ऐसा इस लिए किया, जिससे मुझे ज्यादा परेशान ना होना पड़े। वैसे कोई दिक्कत नहीं, जब मन करता है तो हम दोनों आपस में मिल लिया करते हैं। शायद ही कोई छुट्टी का दिन होता है, जब हम लोग ना मिलते हों। मैं हर शनिवार को उसके फ्लैट पर पहुँच जाता हूँ।

मैंने उसे एहसास दिलाया की वह बिल्कुल ठीक है। उसे उसकी चिंता करने की कोई ज़रूरत नहीं है। इतना सब जानने के बाद उसने कहा- चलो कोई नहीं, अगर ऐसा है तो बहुत अच्छी बात है। अब काफी देर भी हो गई थी, इसलिए, उसने कहा- चलो ठीक है, अब सो जाओ, फिर कभी बात करेंगे। उन तीनों ने एक साथ मेरे से शुभ रात्रि कहा। मैंने भी अपनी तरफ से प्रति उत्तर दिया और फिर फोन बंद करके सो गया। दूसरे दिन मुझे अत्सर के पास भी जाना था।

सुबह होते ही मैं अत्सर के पास पहुँच गया। मैंने अत्सर से सारी बात बताया। उसने थोडा सा दुःख व्यक्त किया और कहा- चलो कोई नहीं अब जब भी जाऊंगा, उन लोगों से मिलने ज़रूर जाऊंगा। इसके पहले अत्सर कई बार दुर्शन गया था, लेकिन वह दुर्शन स्टेशन से सीधे होम टाउन चला जाता था। वह एक बार भी रिया से मिलने नहीं गया। उसने कहा- यार! मैं यहाँ आकर इतना स्वार्थी बन गया की एक बार भी रिया को याद नहीं किया। उसे इस बात का अफ़सोस था।

अत्सर के फ्लैट पर आज उसके कुछ कालेज दोस्त भी आए थे। हम सब ने मिलकर एक अच्छी सी पार्टी करने का प्लान बनाया। उनमें से

कुछ लड़के ऐसे थे, जो दारू भी पीते थे। उन लोगों ने दारू की पार्टी करने के लिए कहा। लेकिन अत्सर ने मना कर दिया। उसने कहा- अगर पार्टी करनी है तो साधारण सी पार्टी करो, नहीं तो बंद करो सब कुछ। जो जैसे आए हो वैसे ही वापस चले जाओ। मैं दारूबाजों से दोस्ती करना पसंद नहीं करता। उसकी बात सुनकर, उसके एक कालेज दोस्त ने कहा- हाँ! सही कह रहे हो। यहाँ पर कोई दारू-गांजा नहीं चलेगा। अत्सर ने थोडा गुस्से में बोला था। उसके एक दूसरे दोस्त ने कहा- कोई नहीं, नाराज ना हो यार! तुम जैसा कहोगे हम वैसा ही करेंगे। थोड़ी देर में, हम सब ने निर्णय लिया की पार्टी करना कैसे है। अत्सर ने कहा की इतना सोचने की ज़रूरत नहीं है। सीधी सी बात है, बाहर से कुछ खाना आर्डर करते हैं और एक बोतल कोल्ड्रिंक ले लेते हैं। सब ने उसकी बात पर सहमति जताई। अत्सर ने बाहर से खाना आर्डर किया। खाने में उसने दाल मखनी, साही पनीर और कुछ रोटियाँ आर्डर किया। फिर उसने कहा की कोई दो लोग साथ में जाओ और दो बोतल कोल्ड ड्रिंक लेकर आ जाओ। उसके एक क्लासमेट ने कहा की दो बोतल किस लिए? तब दूसरे ने कहा- वह इसलिए, क्योंकि हम कुल मिलाकर सात लोग हैं। अत्सर ने कहा- हाँ सही कहा। इसीलिए अब ज्यादा देर ना करो, जल्दी से जाओ और कोल्ड्रिंक लेकर आओ। उसके दो क्लासमेट बाजार चले गए। बाकी जो बचे वह सब हमारे साथ बाते करने में जुट गए।

लगभग दस मिनट बाद वह लोग भी बाजार से सारा सामान लेकर वापस आ गए। हमारे देशी पैमाने तैयार किए गए। अब हमारे पैमाने भले ही दारू से भरे नहीं थे, लेकिन भरे तो थे ना... कोल्ड ड्रिंक ही सही, पैमाने ख़ाली तो नहीं थे।

ऐसा मैं नहीं, ऐसा उसके क्लासमेट बोल रहे थे। क्योंकि उन्हें तो कुछ और ही चाहिए था। इस बीच अत्सर नीचे की दुकान से कुछ मूँगफली के पैकेट्स लाने चला गया। तब उसके एक क्लासमेट ने कहा- यार! काश

यहाँ कोल्ड्रिंक की जगह शराब और शबाब होती तो काम बन जाता। तब एक ने कहा- हाँ यार! शराब और शबाब का कॉम्बिनेशन... वाह! फिर तो मजा आ जाता। यह सब सुनकर उसके एक दूसरे क्लासमेट ने कहा- तुम लोग कितने बेवकूफ हो, तुम लोगों को शराब और शबाब के सिवाय कुछ और सूझता नहीं क्या? तब उसे छोड़कर बाकी के सारे एक सुर में बोले- हाँ इनका देखो, यह हैं शराफत की मूर्ति, बाबा पंकज उदास...। जो खुद इसी काम में लीन रह चुके हैं। पहले के बाबा राम धुन में मगन रहते थे, लेकिन यह तो कन्या धुन में मगन रहते हैं। तब उसने कहा- ऐसा क्यों बोल रहे हो, तुम लोग। मैंने कब ऐसा काम किया। इतने में अत्सर आ गया। उसने कहा- क्या हुआ? किसने कब क्या किया? पंकज ने कहा- कुछ नहीं यार, बस ऐसे ही हम लोग आपस में कुछ पढ़ाई की बाते कर रहे थे। पंकज नहीं चाहता था की अत्सर उन्हें वहाँ से दफा करें। क्योंकि उसे जब इस बात का पता चलता की वह लोग इस तरह की बाते कर रहे थे, तो वह उन्हें वहाँ से भगा भी देता। अत्सर अपने साथ कुछ मूँगफली के पैकेट के साथ ही साथ नमकीन के भी पैकेट ले कर आया था। अत्सर ने कहा- यह लो मैं ढेर सारे चकना लेकर आया। अब जुबान को फिसलने में समय तो लगता नहीं। एक से रहा नहीं गया और उसने कर दी वही छोटी बात। अरे यार! अत्सर भाई, क्या वही मूँगफली और नमकीन लाते रहते हो, लाना ही था तो कुछ असली में नमकीन लाते। अत्सर ने कहा- अब कौन सा असली नमकीन चाहिए तुझे। अब क्या, उसने फिर से बोल दिया- क्या अत्सर भाई, इशारे भी नहीं समझ पाते हो। अरे शबाब यार...। अत्सर ने कहा (गुस्से में)- मैं तुझे यह अंतिम चेतावनी दे रहा हूँ, अगर आगे किसी को इस तरह की बात करनी हो तो दोबारा यहाँ पर ना आना। तब उस लड़के ने कहा- अरे सॉरी यार! चल ठीक है, आगे से ध्यान रखेंगे।

हमारी सस्ती और टिकाऊ पार्टी चलती रही। सब लोग आपस में किसी ना किसी टॉपिक को लेकर बहस करते रहे। अत्सर मेरे साथ बाते करने में लगा था। उसके कुछ क्लासमेट भी हमारी तरह आपस में बहस करने में लगे थे। हम लोग देश के भ्रष्ट नेताओं के बारे में बाते कर रहे थे। एक घंटे तक हमारी वही पुरानी धुरानी, देश दुनिया की बाते होती रही। एक घंटे में सारी कोल्ड ड्रिंक और जो उसके साथ खाने के लिए लाया गया था, सब खत्म हो गया। अत्सर ने कहा- (गहरी साँस लेते हुए) चलो भाई सभा समाप्त हुई। बाकी सब ने कहा- चलो चलते हैं, फिर से अपने-अपने ठिकाने पर...। सब वहाँ से चले गए। यह दो सालो में पहली बार अत्सर के दोस्त उसके फ्लैट पर आए थे।

अब सिर्फ मैं और अत्सर वहाँ पर बचे हुए थे। अत्सर ने आज मुझे वहीं पर रुकने के लिए कहा। वैसे भी दूसरे दिन मेरा कालेज बंद था। मैं उस दिन अत्सर के पास ही रुक गया।

वैसे तो मैंने पहले से ही अत्सर को सब कुछ बता दिया था। लेकिन फिर भी अत्सर ने फिर से सारी बात को विस्तार से बताने के लिए कहा। मैंने सारी बात उसे विस्तार से समझाया, जो भी अर्पिता और रिया ने कहा था। वैसे तो उन बातों में समझने-समझाने के लिए कुछ था नहीं...। सारी बात जानने के बाद अत्सर ने थोडा सा दुःख प्रकट किया। फिर बोला कोई नहीं- कुछ पाने के लिए, कुछ खोना पड़ता है। इतना बोलकर उसने अपनी बात को वहीं पर रोक दिया और अंत में यह ज़रूर बोल गया की अब जब भी दुर्शन जाऊंगा, उन सब से मिलने ज़रूर जाऊँगा। अब आज की रात तो मैंने अत्सर के फ्लैट पर ही काट दिया। अत्सर, 'एक रूम सेट फ्लैट' में अकेले रहता था। उसे अकेले रहना, अच्छा भी लगता था। शुरु-शुरु में कुछ लड़के उसके साथ रहने के लिए आए थे, या फिर यह समझ लो की अत्सर के साथ मिलकर कुछ लड़कों ने बड़ा सा फ्लैट लिया था। लेकिन उनकी गंदी हरकतों से तंग आकर,

अत्सर ने उनका साथ छोड़ दिया था। वह कहता था की तुम किसी के साथ नाखुश होकर रहो, इससे अच्छा है की तुम अकेले ही रह लो। मैं यह मानता हूँ की अकेले रहना थोडा सा बोरिंग होता है। लेकिन अगर दूसरी तरफ से देखा जाए तो अकेले रहने का फायदा भी है। ना तो किसी से झगडा और ना ही किसी तरह के कोई गिले शिकवे। अत्सर नहीं चाहता था की उसकी किसी से किसी बात को लेकर अनबन हो। इसीलिए अत्सर बात को बिगड़ने से पहले ही उन लोगों के पास से हट गया था। उसने अपनी तरफ से कभी किसी को दोस्त नहीं कहा। उसका कहना था की अगर हम किसी से रिश्ते निभा नहीं सकते तो फिर उनसे रिश्ते जोड़ने का भी कोई फायदा नहीं है। इंसानियत से सबसे मिलो और प्रेम-भाव से अपनी जिंदगी का निर्वाह करो। अपना जीवन भले ही थोडा सा उबाऊ हो जाए, लेकिन कभी किसी से दुश्मनी ना करो।

दूसरे दिन सुबह होते ही, मैं हास्टल वापस चला आया। अब एक हफ़्ते के लिए फिर से मेरी लाइफ़, उसी तरह की हो गई। वही सुबह-सुबह उठकर तैयार होना और फिर कालेज जाना। अब जो भी हो, यह सब तो करना ही पड़ता है। हमारी कालेज लाइफ़ ऐसे ही चलती रही। ऐसा सुनने में आया है की कालेज लाइफ़ बहुत अच्छी होती है। कालेज लाइफ़ में लोग फ्रेंड्स के साथ मस्ती करते हैं। घूमने जाते हैं। पार्टी करते हैं। सब साथ मिलकर एक दूसरे का बर्थडे सेलिब्रेट करते हैं। लेकिन हम तीनों की लाइफ़ में ऐसा कुछ नहीं था। चलो अगर मैं अपनी और अंकुर की बात करूँ तो हमारी लाइफ़ तो कुछ ठीक भी थी। मैं तो अपने क्लासमेट्स के साथ मुंबा में ही, कहीं ना कहीं घूमने के निकल लेता था। कालेज में पहुंचकर छात्र ढेर सारे अच्छे-बुरे काम करते हैं। अब रही बात, अंकुर की तो, अंकुर भी अपनी कालेज लाइफ़ को अच्छे से इंज्वाय कर रहा था। वह भी अपने सहपाठियों के साथ कहीं ना कहीं घूमने के लिए निकल लेता था। भले ही वह दुर्शन में था, लेकिन वह मस्त रहता था।

वह भी अपनी कालेज लाइफ़ को मजे से काट रहा था। ऐसा नहीं की अत्सर को कोई समस्या थी। वह भी कभी-कभी किसी ना किसी के साथ घूमने के लिए निकल लेता था। लेकिन वह बहुत कम ही घूमने के लिए जाता था।

अत्सर के हिसाब से आज की पूरी शिक्षा व्यवस्था ही अस्त-व्यस्त है। उसका कहना था की एंट्रेंस एग्जाम की व्यवस्था को बंद कर देना चाहिए और उसका यह कहना सही भी था। आज की इस शिक्षा व्यवस्था की वजह से हर साल कितने छात्र आत्महत्या कर लेते हैं। उसका कहना था की किसी भी शिक्षा-क्षेत्र में प्रवेश लेने के लिए एंट्रेंस टेस्ट ना लिया जाए। इसके बजाय जो जिस क्षेत्र में जाना चाहता है, उसे उसके लिए तैयार किया जाए। वैसे भी कोई पेट से तो कोई चीज सीखकर आता नहीं है। अब अगर हमें इंजीनियर बनना है तो हमें पहले टेस्ट देना होता है, फिर उसके बाद हमें कालेज मिलता है, तब जाकर लास्ट में हम कालेज में पहुँचते हैं। छात्र की आधी ऊर्जा तो एंट्रेंस टेस्ट की तैयारी करने में ही चली जाती है। कालेज में पहुंचते-पहुंचते छात्र की तो पूरी दुर्गति हो जाती है।

अरे! तुमने तो उसे कालेज में पहुँचने से पहले ही निचोड़ लिया। अब कौन समझाए इन्हें की फल को निचोड़ने के बाद, उसमें से रस नहीं निकलता। जिस तरह से इंसान के लिए ऊर्जा की ज़रूरत होती है। उसी तरह से टेक्नोलॉजी के लिए एक अच्छे दिमाग की ज़रूरत है। अब जब फल से रस पहले ही निकाल लिया गया तो अब दोबारा उसमें रस कहाँ से आएगा। छात्र थका-हारा कालेज में पहुंचता है, फिर उसे ट्रेंड करना शुरू करते हैं। अब जो एंट्रेंस एग्जाम में अच्छे नंबर लायेगा उसे अच्छे कालेज में दाखिला मिलेगा। अरे ऐसा क्यों नहीं करते की जो जिसमें दाखिला लेना चाहता है, उसे उसमें दाखिला दे दिया जाए। हाँ! अगर भीड़ की समस्या है, तो कोई नहीं इसका भी उपाय है। समय तो अपने

हिसाब से चलता रहता है। इसलिए, जो पहले आया, उसे पहले दाखिला दे दो। जो देर से आया उसे जाने दो। अब समय तो किसी का इंतज़ार करता नहीं, यह तो सब को पता है। अब इन्हीं एंट्रेंस एग्जाम की वजह से माता-पिता भी अपने बच्चों को फोर्स करते रहते हैं। ऐसी दशा में छात्र पढ़ाई तो करता है, लेकिन बे-मन से...। और पूरी दुनिया को पता है कि बिना मन से किया गया काम कभी सफल नहीं होता है। अच्छा परिणाम ना आने की वजह से, छात्र कोई गलत कदम उठा लेता है।

सबसे बड़ी समस्या तो यहाँ की जनसंख्या है। यहाँ की जनसंख्या तो ऐसे बढ़ रही है, जैसे मार्केट में नई-नई कंपनियाँ अपने नए-नए प्रोडक्ट लांच कर रही हों। हम लोग जनसंख्या के मामले में दिन दोगुना और रात चौगुना तरक्की कर रहे हैं। अगर देखा जाए तो जनसंख्या वृद्धि के मामले में इंसान और काकरोच में कोई फर्क नहीं है।

सोमवार का दिन था। मैं क्लास में पढ़ाई कर रहा था। तभी मेरे पैर के ऊपरी हिस्से में थोड़ी सी गुदगुदी हुई। यह मेरे सेल फ़ोन की हरकत थी। टीचर के क्लास में उपस्थित होने की वजह से, मैंने कॉल को रिसीव नहीं किया। लगभग दो मिनट तक मेरा सेल फ़ोन मेरे जेब में बैठ कर मेरे साथ शरारत करता रहा और फिर अंत में हार कर बंद हो गया। मेरा सेल फ़ोन वाइब्रेशन मोड में था। क्लास पूरी होने के बाद, मुझे कॉल बैक करने का ध्यान ही नहीं रहा। क्लास से बहार आने के बाद, मैं अपने क्लास के छात्रों के साथ मस्ती करने में जुट गया। सारी क्लास ख़त्म होने के बाद, जब मैं हास्टल में पहुंचा, तब मेरे पार्टनर ने मेरे पेट में मजे-मजे में गुदगुदी किया। तब मुझे याद आया की क्लास में किसी का फ़ोन आया था। तब मैंने अपना फ़ोन चेक किया। यह कॉल प्रिया ने किया था। मैंने उसे कॉल बैक किया लेकिन उसका फ़ोन पहुँच के बाहर बता रहा था। इसलिए, मैंने फ़ोन को साइड में रखे टेबल पर रख दिया। थोड़ी देर बाद फिर से प्रिया ने कॉल किया। मैंने कॉल रिसीव किया। प्रिया ने थोड़ी सी

लड़खड़ाई आवाज में कहा की अरे तर्पण घर आ जाओ। मैंने पूछा- क्यों? उसने कहा- अरे बस ऐसे ही थोडा सा घूम लेना। मुझे लगा की वह बस ऐसे ही मजाक कर रही थी। इसलिए, मैंने कहा- अभी नहीं आ पाऊंगा। मैंने थोडा सा गुस्से में कहा- वैसे भी मेरे पास और भी काम हैं। तुम्हें तो सिर्फ एक ही काम सूझता है। थोडा सा, अपने आपको नियंत्रित करना सीखो। तब उसने कहा- अरे, अरे... क्या बोले जा रहे हो? पहले पूरी बात तो जान-समझ लेते। मुझे लगता है, तुम्हें सब कुछ सच-सच बताना ही पड़ेगा। उसने कहा- पहले तुम यह बताओ की इस समय खड़े हो या फिर बैठे हो? मैंने कहा- मैं इस समय खिड़की के पास में खड़ा हूँ। फिर उसने कहा- सबसे पहले तुम एक काम करो, तुम एक कुर्सी पर बैठ जाओ। तब मैं तुम्हें आगे बताती हूँ। मैंने कहा- ठीक है, ठीक है, लो मैं बैठ गया, चलो अब बताओ। उसने कहा की दरअसल मेरी शादी की तारीख तयं हो गई है।

इतना सुनकर, तो मेरे होश ही उड़ गए। मैंने प्रिया से कहा- यार! यह सब क्या है? यार! इतनी जल्दी क्या है? मैंने उससे कहा- अच्छा एक काम करो, तुम फ़ोन रखो, मैं तुम्हारे पापा से बात करता हूँ। तब उसने कहा- कोई फायदा नहीं, वहाँ से कुछ नहीं होगा। अगर चाहते हो की मेरी शादी कहीं और ना हो तो आ जाओ, यहाँ पर...। मैंने उससे पूछा- यार! यह अचानक क्या हो गया? तुम्हारे पापा ने तो खुद हमें तीन साल का समय दिया था। फिर, यह अचानक उन्हें क्या हो गया? उसने कहा- मुझे कुछ नहीं पता? अगर तुम चाहते हो की ऐसा ना हो तो फिर कुछ दिनों ले लिए वापस आ जाओ, दुर्शन...। मैंने उससे कहा- ठीक है, मैं आता हूँ। उसने कहा- ठीक है, आ जाओ, लेकिन आराम से आना। ज्यादा परेशान होने की ज़रूरत नहीं है। उसने थोडा सा रुकते हुए कहा- अगर वह लोग नहीं मानेंगे तो हम लोग भागकर शादी कर लेंगे। तुम परेशान ना हो, मेरी अगर शादी होगी तो सिर्फ तुम्हीं से, इस जन्म में तो क्या किसी जन्म में भी

हमें कोई एक-दूसरे से अलग नहीं कर पायेगा। तुम बस एक काम करना, अत्सर को ज़रूर अपने साथ लेकर आना। मैंने कहा- अरे हाँ! बिल्कुल उसे तो लाना ही पड़ेगा। वही तो है, जो हमारी समस्या का समाधान निकाल सकता है। मैंने उससे कहा- ठीक है मैं अब फ़ोन रखता हूँ और मैंने फ़ोन रख दिया। फिर मैंने अत्सर को फ़ोन लगाया। मैंने अत्सर से सारी बात बताया। सारी बात जानने के बाद उसने कहा- चलो ठीक है, एक काम करो। चलो आज ही हम लोग दुर्शन के लिए निकलते हैं।

दूसरे दिन सुबह हम लोग दुर्शन पहुँच गए। दुर्शन पहुंचकर, अत्सर ने मेरे से, पहले मेरे घर चलने के लिए कहा। उसका कहना था की पहले मेरे पापा के पास चलकर, उनसे सारी बात को समझते हैं, फिर प्रिया के पापा के पास जायेंगे। मैंने भी हाँ कर दिया। हम दोनों, बिना किसी की जानकारी के मेरे गांव पहुँच गए। पहले तो अचानक हमें घर पर देखकर सब लोग हैरान हो गए। लेकिन फिर बहुत जल्द सब खुश भी हो गए। सब ने हमारे अचानक घर पहुँचने का कारण पूछा। मैंने कहा- अरे बस ऐसे ही कालेज की छुट्टी हो गई ना, इसलिए, हम लोग घूमने के लिए आ गए। वैसे भी घर आए काफी दिन हो गए थे। मम्मी ने कहा- अरे ठीक है, बहुत अच्छा किया, जो तुम लोग आ गए। उस समय मैंने मम्मी-पापा से झूठ इसलिए, कहा- क्योंकि वहाँ पर कुछ गांव के लोग भी उपस्थित थे। लेकिन जो भी हो, मुझे ऐसा लग रहा था की जैसे हमें उल्लू बनाया गया था। कोई ना कोई बात ज़रूर थी, जिसे प्रिया ने हम लोगों से छिपाया था। क्योंकि अगर प्रिया की शादी की बात होती तो घर वालों के हाव-भाव से कुछ तो पता चलता। लेकिन सब पहले की तरह नार्मल ही था। ऐसा लग रहा था, जैसे की इन्हें कुछ पता ही ना हो।

गाँव के लोगों के चले जाने के बाद, मैंने पापा से सारी बात बताया। लेकिन पापा ने पूरी बात को गलत ठहराया। उन्होंने कहा की ऐसी कोई बात नहीं है। अगर ऐसी बात होती भी तो एक बार प्रिया के पापा मेरे से

ज़रूर इस बारे में बात करते। फिर उन्होंने कहा- इस तरह की कोई बात तो नहीं है, हाँ दो दिन पहले प्रिया के पापा मेरे से मिले थे और उन्होंने इतना बताया था की रिया की तबियत थोड़ी खराब चल रही है। लेकिन उन्होंने शादी से सम्बंधित किसी बात का कोई जिक्र नहीं किया था। तब मैंने पापा से कहा- हो सकता हो प्रिया ने मेरे से मजाक किया होगा। तब जाकर मेरे दिमाग में आया की आखिरकार प्रिया बार-बार यह क्यों कह रही थी की अत्सर को ज़रूर अपने साथ लेकर आना। जब हम दोनों ट्रेन में बैठ गए थे, तब उसने फिर से मुझे फ़ोन किया था और पूछा था की अत्सर भी मेरे साथ है या नहीं? तभी मैं सोच रहा था की वह बार-बार अत्सर का जिक्र क्यों कर रही थी।

यह बात अत्सर से जुडी हुई थी, यह बात तो मुझे समझ में आ गई थी। लेकिन असल बात का पता अभी भी नहीं चल पाया था। इतना सब जानने के बाद हम दोनों, प्रिया के घर पहुँच गए। वहाँ जाकर देखा तो घर पर केवल अर्पिता और उसके पापा थे। उसकी मम्मी, प्रिया और रिया तीनों लोग वहाँ पर नहीं थे। हमें अचानक वहाँ देखते ही प्रिया के पापा ने हमारे वहाँ पहुँचने का कारण पूछा। अब मैं प्रिया की बात तो बता नहीं सकता था। इसलिए, मैंने वही बात यहाँ भी चिपका दिया, जो हमने घर पर पहुंचते ही बताया था। पूरी बात सुनकर प्रिया के पापा ने कहा- चलो अच्छी बात है, तुम लोग आ गए। अत्सर ने उनसे पूछा- बाकी सब कहाँ गए हैं? उन्होंने कहा की वह लोग अस्पताल में हैं, तुम लोग बैठो अभी थोड़ी देर में सब आ जाएँगे। अत्सर ने फिर से पूछा- वहाँ पर क्या कर रहे हैं? उन्होंने कहा- अरे! वह रिया की थोड़ी सी तबियत खराब थी। इतना सब कुछ कहने के बाद उन्होंने हमें वहाँ बैठने के लिए कहा और खुद अपने काम पर वापस चले गए। वह लंच करने के लिए आए हुए थे। थोड़ी देर बाद वह सब भी वापस घर आ गए। मैंने प्रिया की

ओर गुस्से से देखा। प्रिया मुस्कुराते हुए वहाँ से चली गई। हम लोग रिया के पास बैठे थे। रिया अस्पताल से आते ही, तख़्त पर लेट गई।

वो काफी पतली भी हो गई थी। ऐसा लग रहा था, जैसे वह कई दिनों से बीमार हो और ऐसा ही था। उसे एक हफ्ते से बुख़ार था। अत्सर ने उससे कहा- तुम इतने दिनों से परेशान थी और मुझे एक बार भी बताना अच्छा नहीं समझा। रिया ने कहा- अरे! तुम लोग अपनी पढ़ाई में व्यस्त थे, इसलिए, मैंने कुछ नहीं बताया। वैसे भी तुम अपने प्यार को लेकर इतने दिन से परेशान हो, मैं तुम्हें और परेशान नहीं करना चाहती थी। तब अत्सर ने कहा- यार कौन सा प्यार, मेरा उससे कोई लेना देना नहीं है। वैसे भी इसमें परेशान होने वाली क्या बात है। सब की अपनी-अपनी लाइफ़ है। मैं किसी को लेकर परेशान नहीं हूँ। इतना सुनकर रिया बोली (मुस्कुराते हुए)- अच्छी बात है, परेशान भी नहीं होना चाहिए। इसीलिए तो मैं कहती हूँ की तुम मेरे सबसे अच्छे दोस्त हो। फिर उसने कहा- क्या हुआ? आज तुम लोग अचानक यहाँ कैसे आ गए। तब अत्सर ने पूरी बात उसे बताया, जो भी प्रिया ने मेरे से कहा था। सब कुछ सुनने के बाद- रिया और अर्पिता दोनों जोर-जोर से हँसने लगे। प्रिया भी बगल में खड़ी थी। वह भी धीरे-धीरे मुस्कुरा रही थी। दरअसल, प्रिया ने हमें अप्रैल फूल (अप्रैल के पहले दिन की ठिठोली) बनाया था।

रिया ने जब हम दोनों को वहाँ देखा तो वह खुश हो गई। हम लोग आपस में बैठकर बाते कर रहे थे। थोड़ी देर बाद अंकुर भी वहाँ पर आ गया। प्रिया की मम्मी जी थोड़ी देर के लिए बाहर गई हुई थीं। वह अस्पताल से आते समय ही, किसी से मिलने चली गई थी। थोड़ी देर बाद वह भी आ गई। उन्होंने आते ही हम लोगों से हाल-चाल पूछा। उन्होंने आते ही सबसे पहले अत्सर को सीने से लगाया और कहा- 'कहाँ खो गया था?' तुझे हमारी याद भी नहीं आती थी। अत्सर ने कहा- अरे! नहीं मम्मी जी बस ऐसे ही... अपने काम में व्यस्त था। उन्होंने कहा-चलो

कोई नहीं, तुम लोग आराम से बैठकर बाते करो। मैं तुम लोगों के लिए, कुछ खाने के लिए बनाकर लाती हूँ। वह वहाँ से चली गई। हम लोग अपना बाते करने में लगे थे। थोड़ी देर बाद उन्होंने हमारे सामने कुछ पकौड़े और चाय पेश किया। पकौड़ों और हमारे मुँह के बीच आधे घंटे तक युद्ध चला। चाय ने तो पंद्रह मिनट में ही हार मान ली। उसके पंद्रह मिनट बाद पकौड़ों ने भी हार मान ली और अंत में जीत हमारे मुँह की ही हुई। इसके साथ ही साथ हमारी बातें भी ख़त्म हो गई। अंकुर ने कहा- यार! मैं चलता हूँ। थोड़ी देर बाद मेरी क्लास है। बीच में एक घंटे का गैप था, इसलिए, मैं तुम लोगों से मिलने के लिए आ गया था। अत्सर ने कहा- हाँ! जाओ तुम, अपनी क्लास पूरी करो। वह वहाँ से चला गया। हम लोग अपनी बाते करने में लगे रहे। वैसे भी, मेरा तो ठीक था। मैं जब भी दुर्शन जाता, उन लोगों से ज़रूर मिलता था। अत्सर बहुत दिन बाद उन सबसे मिला था। इसलिए, वह लोग आपस में बाते करने में लगे थे। मैं भी उन्हीं में बीच-बीच में कुछ ना कुछ बोल देता था। हमें गप्पे लड़ाने में तीन घंटे बीत गए। अत्सर ने कहा- चलो ठीक है, अब बहुत हो गई बाते, अब चलते हैं, घर (गाँव)...।

जाते समय अत्सर ने रिया से कहा- ठीक से ध्यान रखना अपना। रिया ने कहा- बिल्कुल, तुम बेफिक्र होकर जाओ। बस तुम अपना ख़्याल रखना। वहाँ से मैं अपने गाँव चला गया और अत्सर भी अपने गाँव चला गया।

दूसरे दिन दोपहर को अत्सर ने मुझे कॉल किया। अत्सर ने कहा- यार चलो, देखते हैं की रिया की अब कैसी हालत है। मैंने कहा ठीक है। मेरे और अत्सर के गाँव के बीच की दूरी बीस किलोमीटर है। मैं एक घंटे बाद अत्सर के घर पहुँच गया। फिर वहाँ से हम लोग दुर्शन के लिए रवाना हुए।

दो घंटे बाद हम लोग प्रिया के घर पहुँच गए। वहाँ पहुंचकर हमने रिया से उसकी हालत के बारे में पूछा। उसने सब कुछ ठीक बताया। उसने कहा की अब उसकी तबियत कुछ सुधर रही है। पूरे दिन हम लोग रिया के पास ही बैठकर, उससे बाते करते रहे। यह दिन तो ऐसे ही बीत गया।

दूसरे दिन, हम लोग वापस मुंबा पहुँच गए।

जाति, धर्म और शादी

जाति और धर्म की दीवारों में क्यों प्यार है फँसा,
दिलों की शादी में तो बस इंसानियत का रंग बसा।

इधर यह सब हुआ और दूसरी तरफ अंकुर और अर्पिता की लाइफ़ भी कुछ खास नहीं चल रही थी। प्रिया के मम्मी-पापा ने अर्पिता की शादी, कहीं दूसरी जगह तयं कर दिया था। वह भी अर्पिता की मर्जी के बिना ही। इस बात का पता जब अंकुर को चला तब वह परेशान हुआ। लेकिन उसने, जो कुछ भी हुआ, उसकी थोड़ी सी भनक भी हमें नहीं लगने दिया। वह चुप-चाप अकेले ही अपनी सारी समस्या को हल करने में लगा रहा। इस बात की खबर मुझे तब हुई जब प्रिया ने मेरे से फ़ोन पर इस बारे में बात किया। वह भी तब जब अर्पिता की शादी फाइनल होने वाली थी।

सारी बात जानने के बाद, मैंने पूरी बात अत्सर को बताया। अर्पिता के पापा को, अर्पिता और अंकुर के बारे में कुछ नहीं पता था। इसीलिए उन्होंने बिना उन्हें बताए, यह फैसला लिया था। जब तक उन्हें पता चलता, तब तक उन्होंने लड़के के माँ-बाप से बात भी कर लिया था। इसलिए, थोडा कठिन था, इस समस्या को हल करना। खैर यह सब तो

ठीक था। प्रिया के मम्मी-पापा तो अर्पिता और अंकुर की शादी के लिए राजी हो जाते, लेकिन अगर बात थी तो अंकुर के पापा के ना मानने की...। वह जाति-धर्म देखने वालों में से थे। अर्पिता का सर नाम था "तिवारी" और अंकुर का सर नाम था "सिंह"। वैसे तो अर्पिता के पिता को इससे कोई प्रॉब्लम नहीं थी। वह तो चाहते थे की अर्पिता और अंकुर की शादी हो। लेकिन उनकी तरफ से एक छोटी सी प्रॉब्लम थी। वह चाहते थे की अंकुर जब तक जॉब ना करने लगे, तब तक वह ऐसा नहीं चाहते थे। वैसे भी जहाँ तक मेरा मानना है, हर लड़की के माँ-बाप यही चाहते हैं। अरे लड़की के माँ-बाप क्या? यही समस्या लड़के के माँ-बाप के साथ भी होती है। हर माँ-बाप अपने बच्चों को खुश देखना चाहते हैं। हालाँकि, भले ही अंकुर जॉब नहीं करता था, अर्पिता तो जॉब करती थी। अब भले ही वह एक कोचिंग संस्थान में टीचर थी। अर्पिता को पढ़ाने का बहुत शौक था। इसलिये वह पास के ही एक कोचिंग में बारहवीं कक्षा तक के छात्रों को पढ़ाती थी। अभी उसका भी ग्रेजुएशन पूरा नहीं हुआ था। सब को उस पर भरोसा था की वह फ्यूचर में अपने मेहनत से एक गवर्नमेंट टीचर ज़रूर बनेगी। भरोसा तो अंकुर पर भी सब को था। लेकिन फिर भी जिंदगी का क्या ठिकाना था। इसलिए, अर्पिता के मम्मी-पापा को थोड़ी चिंता थी। अर्पिता, रिया से एक साल छोटी थी और प्रिया से दो साल बड़ी थी। प्रिया की शादी तो समझो मेरे साथ फिक्स हो गई थी। अब केवल अर्पिता ही बची थी। रिया की शादी तो उन्होंने पहले ही तयं कर दिया था। रिया भी एक गवर्नमेंट स्कूल में टीचर बन गई थी। अत्सर और रिया ने तो पहले ही अपनी लाइफ़ का फैसला कर लिया था। वह दोनों बेस्ट फ्रेंड्स थे और हमेशा वही बने रहना चाहते थे। वह दोनों हमेशा यही कहते आए की पहले तो आप किसी से कोई रिश्ता ना जोड़ो और अगर जोड़ते भी हो तो कभी उसे तोड़ो नहीं। और अत्सर के हिसाब से तो बेस्ट दोस्त की कीमत बहुत ज्यादा थी। इस दुनिया में दोस्त

बहुत मिल जाते हैं, लेकिन एक अच्छा दोस्त मिलना बहुत ही मुश्किल है। सबसे अच्छा दोस्त बहुत ही मुश्किल से और बहुत ही किस्मत वालों को मिलता है, खासकर जब विपरीत लिंग का मामला हो। अत्सर और रिया की दोस्ती का कोई जवाब नहीं था। उनकी दोस्ती का किसी से तुलना नहीं किया जा सकता है।

वैसे भी अत्सर और रिया के उम्र में दो साल का फर्क था। अत्सर, रिया से दो साल छोटा था। लेकिन बात उम्र की नहीं थी, बात थी तो उनके जिद की...। वैसे भी जब कम उम्र की लड़की और ज्यादा उम्र के लड़के का मिलन हो सकता है, तो फिर इसके विपरीत क्यों नहीं? प्रिया के पापा भी चाहते थे की अत्सर और रिया की शादी हो। इसके बारे में तो उन्होंने एक बार अत्सर के पापा से बात भी किया था। लेकिन अत्सर और रिया ने साफ-साफ मना कर दिया था। यह तो उन दोनों की मर्जी थी।

अंकुर के पापा तो जाति धर्म की बातों को लेकर ही अड़े हुए थे। अर्पिता के मम्मी-पापा को तो अत्सर ने मना लिया था। अब बात थी तो अंकुर के पापा को मनाने की...। जो सदियों से चली आ रही जाति प्रथा को लेकर अड़े हुए थे। यह बहुत बड़ी समस्या थी। क्योंकि सब को समझाया जा सकता था, लेकिन अंकुर के पापा को तो समझाना खुद भगवान ब्रह्मा के बस में भी नहीं था। खैर इसमें, वह भी क्या कर सकते थे। वह तो बस अपना फर्ज निभा रहे थे। वह भी अपनी जगह ठीक थे। वह नहीं चाहते थे की समाज के लोग उनके बारे में दो-चार बेतुकी बाते करें। वह भी अपनी इज्जत को बचाने में लगे हुए थे। लेकिन मैं कहता हूँ, अरे इतना डरने की क्या ज़रूरत है? और वह भी उन लोगों से, जो कब किसके बारे में, क्या बोल देंगे कुछ पता नहीं। समाज में कई ऐसे लोग होते हैं, जिनके पास कोई काम नहीं होता तो वह हमेशा दूसरों की कमियाँ ढूंढने में लगे रहते हैं। उन्हें दूसरों की खिल्लियाँ उड़ाने में बहुत मजा आता है। ऐसे ही लोगों की वजह से कभी-कभी एक गुनहगार

बचकर निकल जाता है। ऐसा मैं इसलिए, कह रहा हूँ, क्योंकि ऐसी एक घटना घटित हो चुकी है।

दरअसल, यह एक लड़की की कहानी है। जो दर्शन के "सत्यार्थ क्लासेज" नामक कोचिंग संस्थान में, सिविल सर्विसेज के लिए एंट्रेंस एग्जाम की तैयारी कर रही थी। जिस कोचिंग में लड़की तैयारी कर रही थी, उसी कोचिंग में एक 'फ़रहान' नामक लड़का था। जो अपने दो नम्बरी बाप के ब्लैक मनी पर जी रहा था। उसके बाप ने उसे एक महंगी सी बाइक दे रखा था। लड़की उसके हाव-भाव में फंस गई और उसके साथ बाइक पर घूमने लगी। कोचिंग से छूटने के बाद, वह रोज उसके साथ बाइक पर घूमने निकल लेती थी। एक दिन लड़के ने लड़की को अपने झांसे में लिया। उसने लड़की से कहा की आज उसका बर्थडे है। उसने अपने बर्थडे को अच्छा बनाने के लिए एक पार्टी रखा है। उसने उससे कहा की उसकी पार्टी में उसके दोस्त भी उसके साथ हैं। उसने लड़की को भी वहाँ आने के लिए आमंत्रित किया। लड़की ने उसकी बात मान ली और उसके साथ जाने के लिए तैयार हो गई। लड़के ने लड़की को अपने किसी दोस्त के घर पर ले गया। उस समय वहाँ पर, उसके दोस्त और उन लोगों के अतिरिक्त और कोई नहीं था। उसने अपना झूठा बर्थडे मनाने के लिए, सारे इंतजाम कर लिए थे। उन लोगों ने अपनी झूठी बर्थडे पार्टी को इंज्वाय किया। इतना सब देख लड़की भी समझ नहीं पाई। आखिरकार वह उसके झाँसे में आ ही गई। लड़के के बाकी दोस्त उन दोनों को वहीं पर अकेला छोड़कर, वहाँ से चले गए। बेवकूफ लड़की को कुछ समझ में नहीं आया और लड़के के झांसे में इस तरह फँस गई की उसने उस लड़के को अपना सब कुछ लुटा दिया। इसी बीच लड़के ने लड़की का किसी तरह से वीडियो बना लिया और यह सब करने में, लड़के के दोस्तों ने भी उसका साथ दिया। यह सब उनकी पहले से ही प्लानिंग थी। बाद में, लड़के ने अपने दोस्तों के साथ मिलकर लड़की को

ब्लैक-मेल करना शुरू किया। उसने कहा की अगर वह उसके और उसके दोस्तों के करीब नहीं आएगी तो वह उस वीडियो को इन्टरनेट पर अपलोड कर देगा। लड़की ने उनकी धमकी से डरकर, जैसा उन लोगों ने कहा वैसा किया। इसी तरह से उन लोगों ने कई बार उसे ब्लैकमेल किया।

बाद में, लड़की ने उन सब से परेशान होकर पुलिस का सहारा लिया। बाद में, यह सारी बात लड़की के परिजनों को पता चली। लड़की के परिजनों ने लोक-लाज के डर से, मामले को वापस ले लिया। इसके बाद में, लड़की को 'तनवीर' शहर में शिफ्ट कर दिया गया।

इस समाज में ऐसी ढेर सारी घटनाएँ आए दिन घटित होती रहती हैं। कभी कोई लड़का किसी लड़की को धोखा देता है, तो कभी कोई लड़की किसी लड़के को धोखा दे जाती है। कहते हैं की जहाँ अच्छाई है, वहाँ बुराई ज़रूर होती है। वैसे भी हैं तो दोनों एक दूसरे के सगे ही...। हर समाज में अच्छे और बुरे दोनों तरह के लोग रहते हैं। बस हमें अपने आपको बुरी नज़रों से बचाने की ज़रूरत होती है।

ऐसी ही एक और घटना घटित हो चुकी है। लेकिन यह थोड़ी अलग तरह की घटना थी। यह कहानी भी दुर्शन की ही है। एक लड़का और एक लड़की दोनों स्कूल टाइम से ही एक-दूसरे के दोस्त थे। बाद में उनकी दोस्ती काफी आगे बढ़ गई। वह दोनों एक-दूसरे के साथ जीने-मरने की बाते करने लगे। जब तक वह दोनों स्कूल में थे, तब तक तो ठीक था। लेकिन जैसे ही दोनों स्कूल से निकल कर कालेज में पहुंचे। उनकी कहानी में एक नया मोड़ आया। दोनों को इंजीनियरिंग के लिए, अलग-अलग कालेज में दाखिला मिला। दोनों की लाइफ़ अब अलग सी हो गई थी। फिर भी लड़के ने लड़की का साथ नहीं छोड़ा। वह अभी भी उस लड़की को उतना ही चाहता था, जितना पहले वह उसे चाहता था। लेकिन लड़की की नियत गड़बड़ हुई। उसने कालेज में जाकर एक दूसरे

लड़के को पकड़ लिया। चलो ठीक है, दोस्त बनाया वह तो ठीक था, लेकिन उसे शादी से पहले का पति (अत्सर के परिभाषा के हिसाब से, 'प्री-हस्बैंड') बनाने की क्या ज़रूरत थी? फिर भी लड़के ने उसकी ख़ुशी के लिए, लड़की को तो फ्री कर दिया, लेकिन खुद को उसकी यादों से फ्री नहीं कर पाया।

लड़के ने अब अवैध काम करना शुरू कर दिया। वह आए दिन दारू भी पीता रहता था। उसने अब गलत लड़कों का भी साथ पकड़ लिया था। वह अब सट्टेबाजी में लग गया था। धीरे-धीरे लड़का इतना बुरी तरह से फँस गया की उसने थक-हार कर मौत को गले लगा लिया। कहा जाता है की एक लड़की चाहे तो एक लड़के को अच्छा या बुरा बना सकती है और यह सच भी है। इसी तरह से यह बात लड़कों के लिए भी है। कोई ज़रूरी नहीं है की केवल लड़के की सफलता के पीछे एक लड़की का हाथ होता है। एक लड़का भी एक लड़की को सही रास्ते पर ला सकता है। बस उसके लिए, नियत अच्छी होनी चाहिए। लेकिन ऐसा करता कौन है? सब हवस के मारे हैं।

अंकुर के पापा भी उन्हीं लोगों में से थे, जो समाज के डर से अपने बेटे की ख़ुशी भी नहीं देख रहे थे। उन्हें अपने बेटे की ख़ुशी से ज्यादा समाज की चिंता थी। खैर यह सब तो हर माँ-बाप अपने बेटे के लिए करते हैं। लेकिन अब बात थी की क्या उसके दोस्त उसके इस मुश्किल समय में, उसके काम आयेंगे की नहीं...। कहते हैं की अपनों का पता तो मुश्किल समय में चल जाता है। अब यहाँ हमारे लिए एक चुनौती थी की हम लोग अंकुर के पापा को मना सके...। यह सब मुझे और अत्सर को ही करना था। अब रही बात मेरी तो यह काम मेरे बस का तो नहीं था। अब जो भी था, अत्सर ही था। इस प्रॉब्लम को अत्सर ही हल कर सकता था और बात शादी की नहीं थी, उनकी शादी तो हम लोग मिलकर करा देते। करना ही क्या था? बस एक मंदिर खोजना पड़ता और मंदिर में एक

पंडित और सारा काम पंद्रह मिनट में पूरा हो जाता। लेकिन हमें ऐसा नहीं करना था और ना ही अंकुर व अर्पिता ऐसा करना चाहते थे। अभी उनके पास समय था की वह अपने भविष्य के लिए कुछ कर सकें। यही वजह थी की हम लोग अंकुर के पापा को मनाने में लगे हुए थे। अब इस खेल को सही अंजाम देने के लिए हमें बहुत पापड़ बेलने थे। अंकुर की प्रॉब्लम को लेकर हम लोग चंद्रशेखर पार्क में बैठे हुए थे।

आज पहली बार हम तीनों एक साथ उदास चेहरे के साथ पार्क में बैठे हुए थे और वह भी ऐसे जैसे की हमारे ऊपर बहुत बड़ी प्रॉब्लम आ गई हो। हाँ! माना की यह प्रॉब्लम भी कुछ कम नहीं थी। लेकिन फिर भी ऐसा तो इस दुनिया में हर रोज किसी ना किसी के साथ होता ही रहता है। तीनों पार्क के बीच में बने फाउंटेन के साइड में लगी बेंच पर बैठे थे। तीनों के सर नीचे की ओर झुके हुए थे। किसी को कुछ समझ में नहीं आ रहा था की क्या करें? बीच-बीच में तीनों एक साथ सर ऊपर करते और एक दूसरे की ओर देखकर, फिर से सर झुका लेते। तभी अचानक अत्सर ने हमारी तरफ अपनी आँखों को बड़ी करते हुए देखा। ऐसा उसने पास में खड़ी दो लड़कियों की बात को सुन कर किया। अचानक उसके दिमाग में कुछ स्ट्राइक किया था।

वो लड़कियाँ आपस में बात कर रही थी- यार! तुम तो ऐसे भूल गई की कभी भूल से भी याद करना अच्छा नहीं समझा। तभी अत्सर ने हमारी तरफ देखा और कहा- अरे हाँ "याद" से मुझे कुछ याद आया।

वो लड़कियाँ पास में ही खड़ी थी और अत्सर ने अचानक बड़ी तेज़ी से कहा था। इसलिए, उन्हें लगा की वह उन लोगों के बारे में कुछ बोल रहा था। इसलिए, उनमें से एक लड़की ने कहा- कौन हो तुम? और तुम्हें हमारे बारे में कुछ कैसे याद आ सकता है? जबकि हम लोग तो कभी मिले भी नहीं हैं।

अत्सर ने उनसे जवाब में कहा- (मज़ाकिये भाव में, प्यार से) तो इसमें क्या? अब मिल लेते हैं ...। अरे! तुम्हें नहीं यार, मैं अपने दोस्तों से बोल रहा हूँ।

अत्सर ने अपने विचार को हम दोनों के सामने प्रस्तुत किया। अत्सर ने अंकुर से पूछा- क्या अंकल (अंकुर के पापा) ने अर्पिता को कभी देखा है? अंकुर ने कहा नहीं, मेरे जानकारी में तो कभी नहीं। अत्सर ने कहा- बहुत अच्छा फिर तो समझो काम बन गया। बस ज़रूरत है तो एक नकली पापा की...।

अब हमारे पास समस्या थी तो एक नकली पापा को खोज निकालने की...। जिन्हें अर्पिता के पापा का रोल करना था और अंकुर के पापा के सामने आना था। तभी अंकुर ने कहा की यार नहीं यह ठीक नहीं है। अगर पापा को पता चलेगा तो वह बहुत नाराज होंगे। आज तक मैंने कभी उनका भरोसा नहीं तोड़ा। मैं ऐसा नहीं कर सकता। तब अत्सर ने कहा चलो अच्छा ठीक है, अगर ऐसी बात है तो हम लोग एक काम करते हैं की हम लोग जो भी करने जा रहे हैं, उसकी पूरी जानकारी अर्पिता के मम्मी-पापा और तुम्हारे मम्मी को बता देते हैं। ऐसा करने से, हमारा काम और भी आसान हो सकता है। अगर वह लोग ऐसा करने के लिए राजी हो गए तो यह हमारे लिए अच्छी बात होगी। वैसे भी अगर अर्पिता की शादी तुमसे नहीं हो सकती तो ऐसा सिर्फ तुम्हारे पापा की वजह से होगा। उनको छोड़कर किसी को भी कोई समस्या नहीं है और यह सब हम लोग शादी करने के लिए नहीं, बल्कि इसलिए, कर रहे हैं की हम लोग अर्पिता की शादी किसी दूसरे के साथ होने से रोक सके। क्योंकि अगर तुम्हारे पापा इस शादी के लिए राजी नहीं हुए तो अर्पिता के पापा उसकी शादी उसी लड़के से कर देंगे और तुम्हें जिंदगी भर रोना पड़ेगा। और हम लोग ऐसा देख नहीं सकते। इसी बीच अचानक, फ्लो-फ्लो में थोड़े मज़ाकिये भाव में अत्सर ने कहा- यार! हम नहीं चाहते की हमारा दोस्त शादी से

पहले विधवा हो जाए। ऐसा कह कर वह तेजी से हँसने लगा। अंकुर ने भी हँसते हुए अत्सर की ओर अपना हाथ उठाया। अत्सर वहाँ से उठ कर पास में घास की लान की ओर भागा। अंकुर ने उसे दौड़ कर पकड़ लिया और उसे घास में गिरा दिया। उसका पैर घास में फिसल गया, इसलिए, वह खुद उसके ऊपर गिर गया। अंकुर ने मेरी तरफ इशारे करते हुए कहा की मैं उसे कुछ घास उखाड़ कर दूँ ताकि वह अत्सर को खिला सके। मैंने ऐसा ही किया। तभी वहाँ का सिक्यूरिटी गार्ड हमारी तरफ दौड़ा। क्योंकि उस लान में ऐसा करना मना था। और जो इस रुल को तोड़ता था, उसे कुछ पेनल्टी भी देना पड़ सकता था। गार्ड को अपनी ओर आते देखकर अत्सर ने चिल्लाते हुए कहा- अबे! जल्दी भागो...। हम तीनों ने भागना शुरू किया। हमारे आगे-आगे एक लड़का मॉर्निंग वाल्क कर रहा था। हमारे पीछे भाग रहे गार्ड ने, गेट पर खड़े गार्ड को कहा- पकड़ो...। अत्सर ने भी हल्ला मचाया- पकड़ो...। ऐसा सुनकर गार्ड को लगा की हमारे आगे वाला लड़का ही गुनहगार है और उसने उसे पकड़ लिया। अब जब तक गार्ईस आपस में पूरी बात को समझते, तब तक हम लोग गेट से बाहर आ गए थे। हम लोगों ने बाहर आकर जल्दी से एक ऑटो लिया और वहाँ से निकल लिए।

यहाँ से तो हम लोग बच कर निकल लिए, लेकिन मुख्य समस्या से उबरना तो अभी बाकी था। क्योंकि इस बात का कोई भरोसा नहीं था की अर्पिता के पापा-मम्मी और अंकुर की मम्मी, अत्सर ने जैसा सोचा था, वैसा करने के लिए हमें अनुमति देते और अनुमति दे भी देते तो हम लोग अर्पिता का नकली बाप कहाँ से पैदा करते। ऐसा अंकुर ने अत्सर से कहा भी- अबे! यह बता अब अर्पिता का नकली बाप कहाँ से पैदा करेगा?

दूसरे दिन अत्सर ने सारी बात प्रिया के पापा को बताया। मैं और अंकुर भी पास में बैठे हुए थे। मैं तो डरा हुआ था। लेकिन अत्सर और अंकुर के पास पता नहीं कितना हिम्मत भरा हुआ था की उन्हें किसी से भी

कोई बात कहने में बिल्कुल डर नहीं लगता था। एक तो मैं प्रिया के पापा के थोड़े से खतरनाक एक्सप्रेशन से भी डर जाता था। वह जब भी किसी से बात करने लगते तो फिर उस समय उनका एक्सप्रेशन ऐसा होता था की उस समय अगर कोई नया बंदा उनसे बात कर रहा हो तो वह ज़रूर एक बार डर जाए। इसी लिए तो जब भी मैं अपने और प्रिया के बारे में सोचता, मैं हमेशा डर जाता था।

मेरी हिम्मत नहीं होती थी की मैं प्रिया के पापा के पास जाकर कुछ बोल सकता। चलो यह तो अच्छा था की हमारे पास अत्सर था, जो हमारी हर समस्या का समाधान निकालने में लगा रहता था और अंकुर भी ऐसा ही था। बस फर्क था तो इतना की वह पहले किसी की हेल्प करने के लिए कदम नहीं उठाता था। सबसे पहले शुरुआत अत्सर को ही करनी पड़ती थी। तब उसके साथ-साथ अंकुर भी लग जाता था। यही तो वजह थी की अत्सर ने अपने साथ अंकुर को नहीं लिया, जब वह स्वास्ती के पास गया था। उसे पता था की अगर अंकुर उसके साथ जायेगा तो वह ज़रूर में कुछ न कुछ इधर उधर करेगा। वह तो अत्सर था, जिसने लड़की के मुँह से नहीं शब्द सुना और वापस चला आया। वहीं अगर अंकुर होता तो, वह हो सकता है की प्रतिक्रिया में कुछ खतरनाक कारनामे कर जाता और अपनी इस आदत से अंकुर खुद वाकिफ था। इसीलिए तो कभी भी वह किसी लड़की से बात नहीं करता था। अगर अर्पिता ने उससे सबसे पहले अपने मन की बात ना कहा होता तो वह कभी उससे कुछ बोलता भी नहीं। क्योंकि उसके अंदर ऐंठ जो था। वह अपने पापा से कम थोड़ी ना था। वह तो अत्सर के साथ रह कर, वह कुछ सुधर गया था, नहीं तो फिर पूछो मत...। चलो कुछ भी हो हमारे साथ रह कर उसने कुछ तो सीखा था। अरे! हाँ भाई हमारे साथ...। अरे! मैं भी थोडा अच्छा था।

अक्सर की सारी बात सुनने के बाद, प्रिया के पापा ने कहा की चलो ठीक है, मैं तुम्हारी हेल्प करने के लिए तैयार हूँ। तभी अर्पिता ने कहा (हँसते हुए)- वह तो ठीक है, लेकिन मेरी मम्मी के नकली पति देव... मेरा मतलब की मेरे नकली पापा मिलेंगे कहाँ? अर्पिता के पापा ने कहा की अरे! तुम लोग इसकी परवाह क्यों करते हो, उसका इंतजाम मैं कर लूँगा। तब प्रिया के पापा ने बताया की देखो मैं तो खुद उनके पास जा नहीं सकता, क्योंकि मैं तो उनसे मिल चूका हूँ। इसलिए, वह मुझे पहचानते हैं। अब भले ही मैं उनसे एक बार ही मिला हूँ। उन्हें मेरी जाति के बारे में तो अच्छी तरह से पता है। इसलिए, मैं तो कहूँगा की तुम लोग एक बार तर्पण के पापा से बात कर लो। क्योंकि वह उनसे कभी नहीं मिले हैं। शायद, वह तुम्हारा काम कर सकते हैं। फिर उन्होंने कहा- चलो कोई नहीं, तुम लोग छोड़ो मैं खुद ही उनसे बात कर लूँगा। इतना सुन कर हम लोगों ने थोड़ी सी राहत की साँस लिया। मैंने कहा की 'अंकल हम लोग तो डरे हुए थे की आप हमारी बात सुनेंगे भी या नहीं।' तब प्रिया के पापा ने मेरे सर को सहलाते हुए कहा की तुम लोग मेरे लिए मेरे बेटे की तरह हो। मैं तुम लोगों की हेल्प नहीं करूँगा तो फिर किसकी करूँगा।

प्रिया के पापा ने मेरे पापा से सारी बाते कर लिया। शाम को जब वह वापस आए तो उन्होंने बताया की मेरे पापा ने हमारी हेल्प करने के लिए हाँ कह दिया है। वह हम सब की हेल्प करने के लिए तैयार हैं। अब हमें यह सारा गेम शांत पूर्वक खेलना था। क्योंकि इसमें रिस्क बहुत था। अगर इस बात की थोड़ी सी भी भनक किसी को लग जाती तो हमारे सारे किए कराये पर पानी फिर जाता। हमारे लिए एक खुशखबरी और थी की प्रिया के पापा ने हमें इस गेम से बाहर कर दिया था। यानी की वह अब इस गेम को मेरे पापा के साथ मिलकर खेलने वाले थे। तो अब मैं आपको बता दूँ की आखिर यह गेम था क्या?

दरअसल, इस गेम में हमें अर्पिता का नकली पापा चाहिए था। जो अर्पिता का रिश्ता लेकर अंकुर के पापा के पास जाते। साथ ही साथ, जब अंतिम में वह शादी के लिए मान जाते तो उन्हें हम लोग सारी बात बता देते और उनसे कहते की अब आप बताइए की अर्पिता के पापा किस जाती के हैं। कुल मिलाकर हमें उन्हें यह सिखाना था की जाति धर्म से किसी इंसान की इंसानियत नहीं बदल जाती है। और इस तरह से हमारी पूरी समस्या हल हो जाती और ऐसा ही हुआ।

जब मेरे पापा, अर्पिता के नकली पापा बन कर अंकुर के पापा के पास गए तो वह अंकुर की शादी के लिए तैयार हो गए। वह भी इसलिए, क्योंकि उन्हें नहीं पता था की उनके पास जो अपनी बेटी का रिश्ता लेकर गए हैं वह किस जाती के हैं। उन्हें बताया गया था की वह भी उन्हीं के जाति के हैं। और इस खेल में हमें एक बार शादी से पहले देखने दिखाने की सारी परम्पराओं को निभाना पड़ा। जब वह अपने बेटे की शादी के लिए तैयार हो गए तो उन्होंने अंकुर की मम्मी से कहा की क्या वह लड़की देखना पसंद करेंगी? तब अंकुर की मम्मी ने कहा- हाँ हाँ... क्यों नहीं, चलो देख लेते हैं। जबकि अंकुर की मम्मी को पता था की वह अर्पिता ही है। उन्हें तो हमने पहले ही सारी बात बता दिया था। उन्होंने अर्पिता को देखने के लिए हाँ इसलिए, कहा था, जिससे अंकुर के पापा को किसी तरह का सक ना हो। अब अर्पिता को बुलाया गया। सारे लोग अपने देशी स्टाइल में बैठे थे। अर्पिता सामने आई। अचानक अंकुर के पापा अपनी कुर्सी से उठे और अर्पिता के पापा से कहा की यह तो आपकी बेटी है ना? अर्पिता के पापा ने कहा नहीं, ऐसा आपको क्यों लग रहा है। यह मेरी बेटी नहीं है, यह तो इनकी बेटी है। उन्होंने फिर से कहा नहीं, मुझे अच्छी तरह से याद है, आप ही ने मुझे अपनी इस बेटी से मिलवाया था। तब मेरे पापा ने और अर्पिता के पापा ने उन्हें सारी बात अच्छे से समझाया। उन्हें समझाने में कुल पंद्रह मिनट लग गए। अब यहाँ पर एक

तरह से उनके साथ छल भी हुआ था। इसलिए, समझाना थोडा मुश्किल था।

पंद्रह मिनट की मीटिंग के बाद तीनों लोग कमरे से बाहर आए और तब अंकुर के पापा ने कहा चलो ठीक है बेटा जी, जैसी तुम्हारी मर्जी। बात सही ही है, अगर जाति धर्म की ही बात है, फिर तो किसी को किसी से शादी करनी ही नहीं चाहिए। क्योंकि इस दुनिया में किसी के चेहरे पर तो लिखा नहीं है की कौन किस जाति का है। और साथ ही साथ अर्पिता के पापा ने भी कहा की अर्पिता और अंकुर जब चाहें, वह अपनी मर्जी से शादी कर सकते हैं। वह चाहें तो पहले अपना फ्यूचर सँभाले और फिर शादी करें या फिर अभी से शादी कर सकते हैं। अब हम सब की तरफ से किसी को कोई दिक्कत नहीं है। चलो यह समस्या तो टल गई थी। अब अंकुर और अर्पिता के पास समय था की वह अपने-अपने भविष्य के बारे में सोच सकते थे।

सिहरन

अंकुर की समस्या हल करने के बाद हम लोग वापस मुंबा आ गए। यह पहली बार ऐसा हुआ था, जब अत्सर ने लगभग बीस दिनों में दो बार मुंबा से दुर्शन का सफ़र तयं किया था।

एक तरफ अंकुर की समस्या का समाधान करने में तो अत्सर पूरे जी जान से लगा ही था, साथ ही साथ वह अपनी कहानी को भी आगे बढ़ाने की पूरी कोशिश कर रहा था। स्वास्ती ने तो अत्सर को फेसबुक पर ब्लाक कर दिया था। अब वह स्वास्ती को दोबारा सन्देश भी नहीं भेज सकता था। अरे उसे पता था की इन सब संदेशों का कोई मतलब नहीं था। लेकिन फिर भी जब उसके दिमाग में कोई बात आती तो वह अपने मन की भड़ास निकालने के लिए एक बार स्वास्ती को सन्देश लिखना नहीं भूलता था। अब चाहे उसे इसके लिए ढेर सारे पापड़ ही क्यों ना बेलना पड़े हों। वह स्वास्ती को अपना सन्देश भेजने के लिए, हर बार एक नई फेसबुक आई.डी. बनाता था और स्वास्ती को सन्देश भेजने के बाद

उस आई.डी. को डिलीट कर देता था। वह इस लिए ऐसा करता था, क्योंकि वह हर बार यही सोचता था की यह उसका अंतिम सन्देश है। पता नहीं उसका प्यार कैसा था। ना तो वह उससे कभी ठीक से मिला था और ना ही उसने उससे ठीक से कभी बात ही किया था। वह अपने आपको बहुत कण्ट्रोल करता था। लेकिन उसका मन था की वह बार-बार स्वास्ती के पास ही पहुँच जाता था। और अपनी इस आदत से अत्सर बहुत परेशान था। वह नहीं चाहता था की प्यार की वजह से उसकी लाइफ़ तबाह हो जाए। उसने अब तक स्वास्ती से केवल दोस्ती के लिए हाथ बढ़ाया था। उसमें भी उसने उसे रिजेक्ट कर दिया था। अत्सर खुद कहता था, यार! जब उसने मुझे पहले ही रिजेक्ट कर दिया है तो फिर मेरा मन उसकी तरफ क्यों भागता है।

वो स्वास्ती के बारे में एक भी गलत बात नहीं सुन सकता था। एक बार हम तीनों साथ में दुर्शन के 'दिमुना 'पुल के फुटपाथ पर टहल रहे थे। वहाँ पर शाम के समय में बहुत अच्छी हवा बहती थी, इस लिए हम लोग जब भी दुर्शन जाते तो तीनों वहाँ का लुत्फ उठाने के लिए पहुँच जाते थे। हम लोग उस दिन वहाँ ऐसे ही घूम रहे थे। हम लोगों के बीच में ऐसे ही ढेर सारी देश-दुनिया की बाते चल रही थी। हम लोग कालेज में जाने के बाद लड़के-लड़कियाँ क्या-क्या करते हैं? ऐसी ही इधर-उधर की बाते कर रहे थे।

धीरे-धीरे गर्लफ्रेंड-बॉयफ्रेंड से लेकर उनके बीच रिलेशनशिप को लेकर बातें होने लगी। अंकुर ने कहा की यार लोगों के पास किस बात की जल्दी होती है की वह कालेज में पहुंचते ही सारे गंदे काम करना शुरू कर देते हैं। जब तक तो वह अपने मम्मी-पापा के पास रहते हैं, तब तो ठीक है। लेकिन जैसे ही वह कालेज में पहुँचते हैं, सारे काम करना शुरू कर देते हैं। खास कर लड़कियाँ ...। अत्सर ने कहा- ऐसा कुछ नहीं, सब एक जैसे नहीं होते। तब मैंने ऐसे ही, थोडा मजाक में ही बोल दिया की

हाँ हाँ... जैसे इनकी स्वास्ती अभी तक न्यू बोर्न बेबी की तरह है...। तब अत्सर ने थोडा गुस्से में कहा- दोबारा उसके बारे में कुछ गलत बोलना भी नहीं। मुझे उसके ऊपर पूरा भरोसा है, वह ऐसी नहीं। वह एक अच्छी लड़की है। वह भले ही दोस्त बना ले, लेकिन वह गंदे काम तो कभी नहीं करेगी, जैसा तुम बोल रहे हो...। अंकुर ने भी उसका समर्थन किया। उसने कहा- हाँ, यह सही कह रहा है। सारी लड़कियाँ एक जैसी नहीं होती हैं। हाँ, यह सच है की इंजीनियरिंग कालेजों में लड़कियों की संख्या कम होती है। लेकिन सारी लड़कियाँ एक जैसी नहीं होती हैं। तब अत्सर ने कहा की वैसे भी यह तो अपने-अपने चरित्र पर निर्भर करता है।

अब अत्सर से ज्यादा बहस करना मेरे लिए खतरा बन सकता था। इस लिए मैंने उस बात को वहीं पर काटते हुए, उस समय, उस जगह के दृश्य के बारे में बात करना शुरू कर दिया। इस तरह से वह बात वहीं पर खत्म हो गई।

...तो इस तरह से अत्सर को उस थोड़ी सी जान-पहचान वाली लड़की पर इतना भरोसा था। अत्सर को लगता था, जैसे उसके कालेज ग्रुप की लड़कियाँ हैं, वैसे ही वह भी होगी। हाँ ग्रुप की लड़कियों से याद आया की बहुत से लोग कहते हैं की मुंबा की छोरियाँ बहुत बदमाश होती हैं। लेकिन मैं आज उनकी बातों को झूठा ठहराता हूँ। क्योंकि मैं भी अत्सर के क्लास की उन लड़कियों से मिल चुका हूँ। उनकी बात ही अलग है। कोई कह ही नहीं सकता की वह मुंबा की लड़कियाँ हैं, जैसा लोग मुंबा की लड़कियों को बदनाम करते हैं।

दरअसल, मैं आपको बता दूँ की वह लोग मुंबा की जिन लड़कियों की बात करते हैं, वह मुंबा की ही नहीं बल्कि इतर राज्य की भी लड़कियाँ होती हैं। यह लड़कियाँ इतनी दूर से पढ़ने के लिए मुंबा तो आ जाती हैं, लेकिन यहाँ आने के बाद हवा में उड़ने लगती हैं। उनके मम्मी-पापा को लगता है की उनकी बेटी पढ़ाई करने के लिए मुंबा गई है, लेकिन उन्हें

क्या पता है की उनकी बेटी ने शादी से पहले ही उनका दामाद तैयार कर लिया है। बस इंतजार है तो सिर्फ चुटकी भर सिंदूर के रस्म को पूरा करने की... बाकी उसके आगे का काम तो उनकी बेटी ने पहले ही पूरा कर रखा है। उन्हें उनकी बेटी के लिए रेडिमेड दामाद मिल गया है। तो आप सब लोग असलियत जान लो की वह बदनाम लड़कियाँ केवल मुंबा की ही नहीं बल्कि बाहर से पढ़ाई करने या फिर जॉब करने के लिए आई लड़कियाँ भी हैं। और अत्सर के ग्रुप में मुंबा की लड़कियों के साथ-साथ कुछ बाहर से आई हुई लड़कियाँ भी थी। कुल मिलाकर यह सब बातें इस बात पर निर्भर करती हैं की कौन हव्सी है या कौन नहीं है? और अगर किसी को लगे की मैं ऐसी फालतू की बातें क्यों कर रहा हूँ? तो मैं बता दूँ की मुझे इन सब बातों से कोई मतलब नहीं है। फिर भी मैं यह सब बातें उन लड़कियों के लिए कर रहा हूँ जो अच्छी हैं। जो ऐसी जगह पर रह रही हैं, जहाँ का माहौल अब पूरी तरह से 'वेस्टर्न कल्चर' में बदलने की कगार पर है। और इसके विपरीत लड़कों के केस में भी यही कहानी है।

खैर इन सब बातों का क्या मतलब है। यही बातें किसी को अच्छी लगती हैं तो किसी को बकवास भी लगती हैं। यह सब तो अपनी-अपनी सोच पर निर्भर करता है। हम अपनी-अपनी ज़रूरत के हिसाब से किसी को अच्छा या बुरा मान लेते हैं। जो हमारे जीवन के अनुकूल होता है, उसे हम अच्छा मान लेते हैं। और जो हमारे जीवन के प्रतिकूल होता है, उसे हम लोग अपने लिए बुरा मान लेते हैं। और यह सब हम अपने अंदर छिपे हवस के इशारे पर करते हैं। हम जो भी गलत काम करते हैं, वह सब हम अपने हवस के लिए करते हैं। चलो यह सब तो जनरल नॉलेज की बातें थी। यह सब बातें भी जानना चाहिए। क्योंकि, हो सकता हो आप भी अपने लिए एक अच्छी लड़की या फिर एक अच्छे लड़के की तलाश कर रहे हों। केवल लड़की के अच्छी होने का कोई मतलब नहीं है, लड़के की भी सोच अच्छी होनी चाहिए। मुंबा में भी, अच्छे लोग रहते हैं। हाँ, यह है

की यहाँ पर अच्छे लोग कम, बुरे लोग ज्यादा हैं। और हम लोग तो बचपन से सुनते आ रहे हैं की एक गन्दी मछली पूरे तालाब को गन्दा करती है। तो ऐसा ही कुछ इन बड़े शहरों का भी हाल है, जिनके बारे में आप अब तक गलत सुनते आ रहे हैं। वैसे यह सब मुझे बताने की ज़रूरत नहीं है, यह सब तो सब को पता है। अंत में एक ही बात कहना चाहूँगा की सब को पता होता है की क्या अच्छा है और क्या बुरा है। लेकिन क्या करें- यह साला पापी पेट है, जो ना चाहते हुए भी हमसे सब कुछ करवाता है।

अत्सर पूरी तरह से स्वास्ती के प्यार में पड़ चुका था। वह स्कूल में बोलता था की उसे प्यार वाली बातों से कोई फर्क नहीं पड़ता है। वह कहता था की प्यार नाम की कोई चीज, इस दुनिया में है ही नहीं। वैसे तो ऐसी बात करने वाला अत्सर ही अकेला नहीं है। इसके पहले कई लोगों ने अपने इसी ऐंठ की वजह से अपनी जान तक दे दिया है। हमें लगता तो है की प्यार नाम की कोई चीज नहीं है, लेकिन बाद में हम खुद ही उसी के जाल में फँस जाते हैं। और जब हमारे साथ ऐसा हो जाता है, तब हम इंसान, हे माँ! कह कर चिल्लाते हैं। इसके पहले तो हम लोग दूसरों का मजाक उड़ाने में भी कोई कसर नहीं छोड़ते हैं। अत्सर ने तो कभी किसी का मजाक नहीं उड़ाया था, इस लिए यह बात उसके लिए नहीं है। वह भले ही कहता था की प्यार कुछ नहीं है, लेकिन वह प्यार करने वालों का सम्मान करता था।

जिस दिन अंकुर की समस्या हल हुई थी, उसके एक दिन पहले अत्सर ने स्वास्ती को फेसबुक पर सन्देश लिखा था। वह सन्देश कुछ इस तरह से था...

"यार स्वास्ती! मैं जनता हूँ की हो सकता है, तुम मेरे द्वारा बार-बार सन्देश भेजने से परेशान हो जाती होगी। लेकिन अब मैं कर भी क्या सकता हूँ? मैं तुम्हें भूलने की तो बहुत कोशिश करता हूँ। लेकिन मेरा

नालायक मन है की तुम्हारे पास बार-बार भागता रहता है। मैं चाहकर भी तुम्हारे पास से अपने दिमाग को हटा नहीं पा रहा। हो सकता हो की तुम इस लिए स्वीकार्य ना कर रही हो की मैं बी.एस.सी. का छात्र हूँ और तुम एक इंजीनियरिंग की छात्रा हो। ...पता नहीं तुम्हें अच्छा भी लगे या नहीं, लेकिन अब जो भी है, यही है की 'मैं तुमसे बहुत प्यार करता हूँ।' यार! देखो मेरे पास बहुत समस्या है। मैं पांच साल से निष्क्रिय बैठा हूँ। मेरी पूरी लाइफ़ नरक सी हो गई है। 'अत्सर ने कभी रुकना नहीं सीखा।' तुमने मुझे क्यों नहीं स्वीकार्य किया? इसके बारे में मुझे कोई आईडिया नहीं है। लेकिन अब जो भी हो, मेरे दिल में जो था, मैंने बोल दिया है...।"

इतना सब कुछ लिखने के बाद, अत्सर ने फिर से पहले की तरह अपनी फेसबुक आई. डी. को लॉग आउट करके रख दिया और फिर सो भी गया। सुबह उठकर जब उसने फिर से अपनी फेसबुक आई. डी. को एक बार लॉग इन किया तो स्वास्ती की तरफ से जो सन्देश आया था, वह कुछ इस तरह से था...

"माफ़ करना! अत्सर, बात बी.एस.सी. या बी.टेक. की नहीं है। समस्या है, मेरा बॉयफ्रेंड...। मैं जानती हूँ की बी.एस.सी. और बी.टेक. दोनों अच्छे हैं। लेकिन मैं किसी और को पसंद करती हूँ...।"

स्वास्ती की तरफ से, इस तरह का प्रति उत्तर आने के बाद, अब अत्सर के सन्देश भेजने का कोई मतलब नहीं था। हालांकि फिर भी उसने अपनी तरफ से ठंढे दिमाग से, जो बन सका, लिखा और फिर अपनी पूरी फेसबुक आई. डी. को हमेशा के लिए फेसबुक सर्वर से ही डिलीट कर दिया।

तो कुछ ऐसी थी, अत्सर के लव लाइफ़ की सैड एंडिंग। हालांकि अत्सर के लिए, इतना सब जानना और फिर उसे डाइजेस्ट करना आसान नहीं था। क्योंकि उसने कभी नहीं सोचा था की इतनी बार बात करने के बावजूद, उसका कोई बॉयफ्रेंड होगा। लेकिन यह उसका वहम था।

हालांकि अभी भी अत्सर उसके बारे में एक शब्द भी गलत बर्दाश्त नहीं कर सकता था। यही वजह थी की जिस दिन अंकुर की समस्या हल हुई थी, उसी दिन सुबह से ही अत्सर थोडा सा उदास लग रहा था। क्योंकि उसे स्वास्ती का वह सन्देश, उसी दिन सुबह मिला था। या फिर आप यह समझ लो की अत्सर ने उसी दिन सुबह उसका सन्देश पढ़ा था। वह पूरी कोशिश कर रहा था की वह अपनी उदासी को अपने चेहरे पर प्रकट ना होने दे। लेकिन छिपाने से कुछ छिपाता है क्या?

वह लोग बहुत खुशनसीब होते हैं, जिन्हें उनका प्यार मिल जाता है। वैसे भी प्यार के इस खेल में तो केवल अत्सर ही आगे था, स्वास्ती तो दूर-दूर तक कहीं नहीं दिख रही थी। एक तरह से देखा जाए तो अत्सर ने ही अपनी लव कहानी को शुरू किया और खुद ही अपनी लव कहानी का अंत भी कर दिया...। ...ना ही वह उसे (स्वास्ती को) फेसबुक पर कुछ सन्देश भेजता और ना ही उसे किसी तरह की कोई बुरी खबर मिलती...।

✧

"मद-मस्त हवा का झोंका था,
सदियों से कहीं दूर से चल कर आया था।
रिमझिम बारिश के बरखा के संग,
बादल का धरती के लिए रिश्ता ले आया था।
दूर खड़ी धरती यह सब देख,
मन ही मन दुल्हन सी शरमाई थी।
क्या अद्भुत मौसम आया था,
क्या अद्भुत रंग ले आया था..."।

कहीं धुआँ-धुआँ तो कहीं राग-राग सा फैला हुआ था। घर में चारों तरफ़ जहां भी नज़र जाती आने-जाने वालों का ताँता लगा हुआ था। प्रिया के मम्मी-पापा दुखी मन से मुँह लटकाए बैठे हुए थे। आते-जाते हर कोई ढाढ़स बंधा रहा था। घर के और कुछ रिश्तेदारों के घर से आए हुए

कुछ बूढ़े लोग प्रिया के पापा के आस-पास बैठे हुए थे। कोई यह कर सांत्वना दिला रहा था कि एक दिन हर किसी को कहीं ना कहीं जाना ही है। तो कुछ यह की यह तो विधी का विधान है। कुछ नियम हमने बनाया तो कुछ प्रकृति ने। कोई एक घर छोड़कर दूसरे घर में जाता है तो कोई इस दुनिया को छोड़कर दूसरी दुनिया में जाता है।

इसी तरह से, प्रिया की माँ के आस-पास भी कुछ बूढ़ी औरतें बैठी उन्हें दिलासा दिला रही थीं। प्रिया की मम्मी का रो-रो कर बुरा हाल हो रहा था।

मैं (तर्पण), अत्सर और अंकुर बाहर गाड़ी में बैठे वापस जाने की तैयारी में थे। मेरे पापा भी हमारे साथ गाड़ी में बैठे हुए थे।

मैं और मेरे पापा एक गाड़ी में तो वहीं दूसरी तरफ़, अंकुर और अत्सर एक दूसरी गाड़ी में बैठे हुए थे। मैं और अंकुर अपनी-अपनी दुल्हन, मैं प्रिया का और अंकुर अर्पिता का, का इंतज़ार कर रहे थे। अरे हाँ भाई, यह हमारे शादी की विदाई का समय था। अत्सर अंकुर के साथ इसलिए, बैठा था क्योंकि उसे मुंबा जाना था और अंकुर के घर से उसके पापा जी मुंबा किसी ज़रूरी काम से जा रहे थे। अत्सर को उन्होंने ही अपने साथ चलने के लिए बोला था।

रिया ने अभी शादी करने से इनकार कर दिया था। उसने शादी से इनकार इसलिए, किया क्योंकि उसके मामा ने जिस लड़के के साथ उसकी शादी की बात फ़िक्स किया था, उसने शादी के दिन के एक हफ़्ते पहले ही शादी करने से इनकार कर दिया था। इसलिए, प्रिया के पापा ने मेरे और अंकुर के पापा से मेरी शादी प्रिया से और अंकुर की शादी अर्पिता से करने को कहा। क्योंकि शादी की सारी तैयारियाँ हो चुकी थीं। और हमारे माँ-बाप ने भी उनकी समस्या को समझा।

शादी टूट जाने की वजह से, रिया ने अपने मामा से कहा की वह अब उसकी शादी के बारे में कुछ समय तक ना सोचें, वह अभी कुछ समय

तक और अकेले रहना चाहती थी। एक रिस्तेदार ने आगे बढ़कर रिया की शादी अपने बेटे के साथ करने की बात प्रिया के पापा के सामने रखा था, वह भी उसी मुहूर्त पर लेकिन रिया अब अभी शादी नहीं करना चाहती थी। उसके मामा- मामी ने भी उसकी बात को समझा। वह जानते थे की उसे उसकी शादी टूट जाने से कितना गहरा सदमा पहुँचा था। उसने अपनी अध्यापिका की नौकरी को आगे बढ़ाया।

जीवन फूलों का एक गुलदस्ता है,
कब किस फूल के संग क्या हो जाए, पता नहीं,
खुशबू की महक में छुपे हैं सारे राज़,
हर रंग में बसी हैं हसीन यादें, कहीं।

फूलों की चटक में छुपा है दर्द-ओ-आनंद,
हर लम्हा नया, जैसे कोई सुरीला राग।
कभी हंसते, कभी रोते, पल बीतते हैं,
गुलदस्ते की खुशियों में बसा है ये जादू का बाग।

वो तीन शब्द कह गए, जो दिल की गहराइयों से हैं,
तेरे बिना अधूरा था, अब तू ही सारा संसार है।

लव, लस्ट और लाइफ़, यह तीन शब्द हैं, जो एक इंसान के लिए बहुत ही मायने रखते हैं। इन तीनों शब्दों में लव सबसे बड़ा है, इंसानियत के क्षेत्र में। लेकिन वहीं अगर गुजारा करने की बात हो तो, फिर वहाँ पर लव की नहीं बल्कि लाइफ़ की ज़रूरत होती है। क्योंकि प्यार में समझौते के लिए कोई जगह नहीं होती है। अगर इंसान को किसी के साथ जिंदगी जीनी है तो उसे समझौता करना सीखना होगा। केवल, प्यार के सहारे जिंदगी को व्यतीत नहीं किया जा सकता है। कुल मिलाकर लव और लाइफ़ दोनों एक दूसरे से पूरी तरह से इंडीपेंडेंट हैं। अब आती है बात लस्ट की, जो की बीच में है और हमें अच्छी तरह से मालूम है की बीच वाले सिर्फ भीड़ बढ़ाने के काम आते हैं। हाँ! ऐसा हो सकता है की लस्ट को लव और लाइफ़ की ज़रूरत पड़े, लेकिन इसके विपरीत कभी नहीं हो सकता है। इन तीनों का एक दूसरे से एक निश्चित दूरी पर होना बहुत

ज़रूरी है। नहीं तो फिर हार्ट-क्वेक (सार में सिहरन) का आना लाजमी है और जो किसी के बस में नहीं है।

दिल का भूकंप आया, जब तेरा दीदार हुआ,
हर धड़कन ने बताया, तू ही मेरा प्यार हुआ।
तेरी मुस्कान की खामोशी, जैसे एक राज़ खोले,
इस दिल की गहराइयों में, तेरा नाम संजोलें।

"यह हार्ट-क्वेक जो आते हैं, दोस्त बन कर जाते हैं।
जिसकी मंगल माया में, आशिक! कुछ ऐसा कर जाते हैं।
खौफ भरी इस दुनिया में, बेख़ौफ़ सुनहरा लाते हैं।
नंगू-नंगू आते हैं सब, मंगू-मंगू जाते हैं।।"

पुराने पन्ने

मैं (लेखक), तर्पण के साथ पार्क के एक बेंच पर बैठे उसके दोस्त के जीवन की कहानी का आनंद उठा रहा था, जो वह मेरे से अपनी जुबां में बयाँ कर रहा था।

तर्पण और अंकुर (अत्सर के दोस्त) की शादी हो जाने के बाद उनकी कहानी ने तो कुछ अच्छा मोड़ ले लिया था। अब अगर हिचकोले खा-खा कर अगर चल रही थी तो वह थी अत्सर के जीवन की दुखियारी कहानी। अंकुर और तर्पण के जीवन में मोहात्मक खुशियाँ लाने के बाद अत्सर बेचारा मारा-मारा इधर उधर फिर रहा था। अब भाई बदमाश तो वह था ही। बदमाशी तो उसने की ही थी, अपने अब तक के जीवन में। उसने भी, भले ही ज्यादा कुछ ना किया हो लेकिन किसी लड़की को तो पसंद किया ही था। अब किसी लड़की को रास्ते में चलते रोकना और फिर उससे इतना कहना- "क्या तुम मेरे से दोस्ती करोगी?" और फिर उसी लड़की को फेसबुक पर प्रस्तावित करना और फिर उस लड़की का

उसके प्रस्ताव को अस्वीकार कर देना। ऐसा तो हो नहीं सकता की इतना सब कुछ हो जाए और कहानी में कुछ अलग मोड़ ना आए।

अब अत्सर के जीवन में आ रहे नीले बादल काले दिखने लगे थे। वह जहाँ भी जाता उसे घुटन सी महसूस होती। उसे हर जगह काले बादल ही नजर आते थे। खुशियों ने तो जैसे रुख़ ही मोड़ लिया हो। अब तो जिंदगी भी नजरें चुराने लगी थी। दुखों की परियां ठहाके लगा-लगा कर मौज करती नजर आ रही थी। उसके जीवन रूपी समुंदर की प्रीत भरी लहरें अब दुखों की संगीत बनकर उसके कानों में गूंज रही थी। उसका मन इधर उधर हिचकोले खा रहा था। वह जब भी पढ़ने बैठता, उसके सामने दुखों की परियाँ नाचती हुई नजर आती थी।

मैं चंचल मन, मैं चंचल मन ...
घूम रहा आवारा सा, जग झूम रहा दीवाना सा
आंधी हो या तूफान हो, पत्थर हो या भगवान हो
रंग भरा दीवान हो या जंग का मैदान हो
डटा रहा-टिका रहा, झुका नहीं किसी के आगे
मैं मन हूँ, अपनी मर्जी का मालिक
जब चाहूँ हो जाऊँ बालिग, जब चाहूँ हो जाऊं नाबालिग
ना किसी की सुनता हूँ, ना किसी की गुनता हूँ
खुद की मर्जी बुनता हूँ, खुद की अर्जी सुनता हूँ
मैं चंचल मन, मैं चंचल मन
मैं जन-जीवन में बसता हूँ...।

सर्दियों का समय, अत्सर अपने किराए के कमरे के एक कोने में ज़मीन पर बिछे बिस्तर पर बैठे अपनी पुरानी ज़िंदगी को याद कर दुखी मन से मोबाइल के स्क्रीन पर अपनी उँगलियों से खेल रहा था। वह कोई

ऐप्लिकेशन नहीं उपयोग कर रहा था, सिर्फ़ स्क्रीन पर अपनी उँगलियों से बाएँ-दाएँ कर रहा था। कभी मोबाइल के पहले पन्ने को होम स्क्रीन पर लाता तो कभी दूसरे पन्ने को। इसी तरह से वह सोच में डूबे हुए मोबाइल के स्क्रीन के साथ खेल रहा था।

अचानक से मोबाइल से ट्रिन-ट्रिन की आवाज़ आई और साथ ही साथ मोबाइल की स्क्रीन भी प्रकाशमय हुई। हेलो...(अत्सर ने धीमी आवाज़ में कहा)। निर्वा चलोगे...(दूसरी तरफ़ से आवाज़ आई)? “कब चलना है और कितने लोग हैं, साथ में चलने के लिए?, अत्सर ने पूछा।” मैं (रिंका), तुम (अत्सर) और अर्न... कहने का मतलब, कुल तीन लोग हैं। कल शाम की बस है, मुंबा से...। ठीक है, चलते हैं, अत्सर ने कहा।

रिंका और अर्न दोनों अत्सर के ही कॉलेज में पढ़ते थे। वहीं पर दोनो अत्सर से मिले थे। कॉलेज के दिनों में अत्सर से उनकी बहुत ज़्यादा पहचान भी नहीं थी। बस ऐसे ही कभी-कभी मिल जाते थे और वह भी अत्सर के ही क्लास में पढ़ने वाले एक लड़के के साथ घूमते हुए। ऐसे ही अत्सर से उन सब की पहचान हुई। यही वजह थी की अत्सर इनके जीवन के बारे में ठीक से जानता नहीं था। बात करने पर यही लगता की यह सब भले इंसान हैं। उसे क्या पता था की रिंका एक वह लड़का है, जो अब तक दशों लड़कियों के साथ हमबिस्तर हो चुका था और वह भी झूठ बोलकर। जब भी कोई लड़की पूछती की तुम्हारी कोई गर्लफ्रेंड है? उस समय उसका एक ही जवाब रहता, नहीं...। जबकि उसकी गर्लफ्रेंड हमेशा यह कहकर रोती रहती थी की तुम्हारा किसी के साथ चक्कर है, ना? और वह हमेशा उसे कुछ ना कुछ मीठा बोलकर पट्टी पढ़ा देता था। जब भी कोई उसे कहता की तू क्यूँ उसे धोका दे रहा, वह तुझे इतना प्यार करती है, कहीं छोड़कर चली गई तो...। इस बात पर उसका एक ही जवाब होता- चली जाए... और साथ ही साथ यह बोल जाता की वह उसे छोड़कर कहीं जा भी नहीं सकती। उसे इस बात का घमंड था और हो

भी क्यूँ ना, ऐसा था भी, वह लड़की सच में उसे छोड़ नहीं पा रही थी। वह उसके रंग-रूप के पीछे इतना पागल थी की पूछो मत...। जिन लड़कियों का बॉयफ्रेंड पहले से कोई होता, उनका तो कोई नहीं, वह तो आई ही थीं उसके साथ रातें रंगीन करने के लिए। समस्या तो उन्हें होती थी जो यह सोच कर उसके पास आती थीं की वह एक अच्छा लड़का है, अभी तक अकेला है। जब उन्हें पता चलता, तब उनकी आँखें खुलती, बिलकुल रिंका की गर्ल्फ्रेंड की तरह। एक तो उसका लम्बा क़द और ऊपर से देखने लायक़ शकल, देखते ही किसी भी लड़की के मन में लड्डू फूटने लगते। इस बात का रिंका को घमंड भी था। वह जब भी अपने से कम क़द और रंग में फीके लड़के को देखता उसका मज़ाक़ उड़ाना शुरु कर देता था।

उसके इस रूप से अत्सर अभी तक परिचित नहीं था। सिर्फ़ रिंका के ही बारे में नहीं, अत्सर की आँखों के अभी बहुत से पर्दें खुलने बाक़ी थे, इस दुनिया के सच को लेकर। उसे लगता की इस दुनियाँ में जीवन निर्वाह कर रहा हर इंसान सच के रास्ते पर चलकर अपना-अपना जीवन व्यतीत कर रहा है।

दूसरे दिन, शाम को 5 बजे तीनों लोग बस अड्डे पर पहुँचे। तीनों अलग-अलग लाइनों में टिकट लेने के लिए खड़े हुए, इस प्लानिंग के साथ की जो पहले काउंटर पर पहुँचेगा वह तीनों के लिए टिकट ख़रीद लेगा। काउंटर पर भीड़ ज़्यादा होने की वजह से ऐसा प्लान किया गया।

टिकट मिलते ही तीनों बस की ओर बढ़ चले। बस के अंदर, दाई तरफ़ तीन सीटें, बाई तरफ़ दो सीटें और बीच में यात्रियों के आने-जाने के लिए थोड़ी सी जगह छूटी हुई थी। तीनों दाई तरफ़ की सीट पर जाकर बैठ गए। तीनों एक ही क़तार में लगी सीटों पर बैठे।

लगभग आधे घंटे के इंतज़ार के बाद, बस ने आवाज़ लगानी शुरु की- पों, पों...। यह आवाज़ उनके लिए थी जो लोग अभी भी बस अड्डे पर लगी दुकानों पर अभी ख़रीदारी कर रहे थे। सारे यात्री आकर बैठ

गए। बस का ख़ज़ांची अभी भी, बस की बाईं तरफ़, दरवाज़े पर खड़े होकर, निर्वा... निर्वा... ऐसा कहकर आवाज़ लगा रहा था। अभी भी बस की कुछ सीटें ख़ाली पड़ी हुई थीं।

बस के इंजन ने पहियों पर बल लगाकर पहियों को आगे बढ़ाना शुरु किया। बस के पहियों ने भी इंजन के सिर्फ़ एक इशारे पर धीरे-धीरे बेमन से गोल-गोल घूमना शुरु किया। बस आगे बढ़ चली। बस की खिड़कियों में लगे शीशे से आवाज़ आई- खड़र... खड़र...। बस के खजांचिए ने अब और ज़ोर-ज़ोर से आवाज़ लगाना शुरु किया। ...निर्वा, निर्वा, निर्वा,...। बस अड्डे पर खड़े कुछ और यात्रियों ने छलांग लगाते हुए, बस के दरवाज़े पर खड़े खजांचिए को धक्का देते हुए, बस के अंदर पदार्पण किया। नए आए हुए सभी यात्री ख़ाली सीटों पर जाकर बैठ गए। अब बस में सिर्फ़ एक और सीट ख़ाली रह गई थी। जैसे ही बस, बस-अड्डे से बाहर निकली एक और नए यात्री ने छलांग लगाते हुए बस में प्रवेश किया। खजांचिए ने बस के ड्राइवर को तेज़ी से आवाज़ लगाया- आगे बढ़ो...। अब बस ने रफ़्तार पकड़ी...। इस बस में बस का संचालक ना होने के कारण संचालक का काम भी बस का ख़ज़ांची ही कर रहा था। और करे भी क्यूँ ना, "भ्रित" देश में चलने वाली सारी सरकारी बसों में यही चलन जो है। भ्रित देश में चलने वाली सारी सरकारी बसों की खिड़कियों में ना तो ठीक से शीशे लगे मिलेंगे और ना ही एक संचालक। बेचारे खजांचिए को ही संचालक का भी काम करना पड़ता है।

लगभग पाँच घंटे बाद, बस की खिड़कियों में लगे शीशे और यात्रियों के कान के पर्दों के बीच, छिड़ी जंग ख़त्म हुई। अरे अभी सफ़र पूरा नहीं हुआ था। अभी तो बस यात्रियों को नास्ता करवाने के लिए रुकी थी। अभी तो यह जंग लगभग पाँच घंटों के लिए और लड़ी जानी थी।

पंद्रह मिनट तक ढाबे पर रुकने के बाद बस ने हॉर्न बजाकर फिर से यात्रियों को आवाज़ लगाना शुरु किया। सारे यात्री बस में आकर बैठ

गए। बस ने पहले धीमी गति से चलना शुरू किया और फिर छंड़ भर में बस ने फिर से रफ़्तार पकड़ ली। बस में बैठे सारे यात्री झूमते हुए फिर से सफ़र का आनंद लेने लगे। कुछ तो बस से उतरे भी नहीं थे। वह अपनी-अपनी सीटों पर घोड़े बेचकर सो गए थे। बस रुकी, फिर चलने पर आवाज़ लगाया लेकिन उनके ज़बरदस्त कानों पर बस के हॉर्न का कोई असर नहीं हुआ, जैसे उनके लिए यह एक आम बात हो।

निर्वा की ऊँची नीची पहाड़ियों से होते हुए, दूसरे दिन सुबह, बस निर्वा के बस अड्डे पर पहुँच गई। सुबह के साढ़े सात बज रहे थे। सारे यात्री बस से उतर कर अपनी-अपनी मंज़ील की ओर चल दिए।

अत्सर और उसके दोनों साथी भी अपने लिए होटल की तलाश में लग गए। एक घंटे की कड़ी मेहनत के बाद उन्हें एक सस्ते से होटल में रहने का ठिकाना मिल गया। होटल तो बहुत थे, लेकिन उन्हें एक सस्ता सा ही होटल चाहिए था और उनकी मेहनत ने भी रंग लाया। जैसा उन सब ने चाहा वैसा ही होटल उन्हें मिला।

आज का दिन उन सब ने उस होटल में रुककर बिताया। और फिर उसके दूसरे दिन उन्हें "भगिनी" नाम से प्रशिद्ध एक पहाड़ की चोटी पर चढ़ाई-चढ़ने के लिए जाना था।

सुबह उठकर वह तीनों स्नान आदि करके पहाड़ी की चोटी पर चढ़ाई-चढ़ने के लिए चल दिए। सूरज की किरणें पहाड़ पर जमी बर्फ़ के साथ जंग लड़ रही थीं। अब सूरज की किरणों ने पहाड़ पर गिरी बर्फ़ को पिघलाना शुरू कर दिया था। जगह जगह पर पिघली हुई बर्फ़ पहाड़ की सतह पर पतले-पतले नाले बनाकर बह रही थी। थोड़ी सी दूर चलने के बाद उन्हें पाँच और लोग मिले। उनमें से तीन लड़कियाँ और दो लड़के थे। उनके ग्रूप में एक लड़की (रुचा) के दो भाई उसके साथ आए हुए थे। उन सब के बीच जान पहचान हुई। सबने अपने-अपने बारे में सबको अवगत कराया।

लगभग पाँच घंटे की यात्रा के बाद सारे लोग पहाड़ की चोटी पर पहुँचे। वहाँ पर पहुँच कर सबसे पहले सबने एक ग्रूप फ़ोटो खिंचा और फिर उसके बाद अपने-अपने मोबाइल फ़ोन से सेल्फी लेना शुरू किया। अत्सर ने पहाड़ की चोटी पर खड़े होकर ज़ोर-ज़ोर से चिल्लाना शुरु किया। वह जो भी बोलकर चिल्लाता वह सभी आवाज़ें बार-बार पर्वतों की चोटियों के बीच गूंजने लगती। बाक़ी सब ने वही करना शुरू कर दिया। देखते ही देखते पर्वतों की चोटियाँ रंग-बिरंगी आवाज़ों से गूंजने लगीं। लगभग पाँच मिनट तक सारे लोग यही हरकत करते रहे। फिर उसके बाद सब ने थोड़ी देर वहाँ बैठ कर आराम किया। उन सब ने जो भी अपने साथ खाने का सामान लिया था, उसे आपस में मिल बाँट कर खाया। ऐसा लग ही नहीं रहा था की वे सभी अभी कुछ देर पहले ही मिलें हों। ऐसा लग रहा था जैसे सभी के बीच बहुत पुरानी दोस्ती रही हो। लगभग एक घंटे वहाँ बिताने के बाद उन सब ने वापस अपने-अपने ठिकाने पर पहुँचने का निर्णय लिया। पर्वत की चोटी से उतरने के बाद अब अत्सर और उसके पुराने साथियों को तो उसी होटेल में वापस जाना था लेकिन नए साथियों ने होटेल से चेक-आउट कर दिया था, इसलिए, उन्हें अब नए होटेल की तलाश थी। उन सब ने चेक-आउट इसलिए, किया क्योंकि उन्हें इस बात का अंदाज़ा नहीं था की वापस आते-आते शाम हो जाएगी। अब उन सब ने भी अत्सर और उसके साथियों के साथ ही ठहरने का प्लान बनाया। होटेल पहुँचकर उन सब ने होटेल में एक बड़ा सा रूम और किताब किया। नए साथी नए रूम में जाकर आराम करने लगे। अत्सर और उसके पुराने साथी भी अपने रूम में आराम करने के लिए चले गए। अब उन्हें इंतज़ार था तो सिर्फ़ सुबह होने का और वहाँ से वापस अपने-अपने ठिकाने पर पहुँचने का।

अत्सर और उसके पुराने साथी तो मुंबा से थे ही साथ ही साथ उसके नए साथियों में से रुचा और एक लड़का मुंबा से ही थे। बाक़ी के नए

साथी रास्ते में ही पड़ने वाले एक छोटे से शहर से थे, इसलिए, वे सभी मुंबा वापस आते समय रास्ते में ही बस से उतर गए थे। रुचा, उसके दोनों भाई और उसका एक साथी, अत्सर के ग्रूप के साथ ही मुंबा के लिए निकल पड़े।

स्वास्ती के बाद, रुचा दूसरी लड़की थी जो अत्सर के मन को भा गई थी। मुंबा वापस आते समय रास्ते में अत्सर और रुचा के बीच बातें भी हुईं, अरे वही जीवन से रिलेटेड साधारण बातें। इसी बीच अत्सर और रुचा के बीच मोबाइल नम्बर की अदला-बदली भी हुई। मुंबा पहुँचने के बाद भी अत्सर और रुचा के बीच कुछ दिनों तक बातें हुई। जब-जब रुचा और अत्सर के बीच मेसेजेज़ के ज़रिए बातें शुरू होती उसी समय रुचा रिंका से भी मेसेजेज़ करती। रुचा, अत्सर से इसलिए, बातें नहीं करती थी की वह उसे पसंद करती थी बल्कि इसलिए, कि वह उसके कंधे पर बंदूक़ रख कर चलाना चाहती थी। वह रिंका के पीछे पड़ी हुई थी। उसे लगता था की रिंका उसे पसंद करता था। लेकिन यह उसकी सिर्फ़ एक कल्पना मात्र थी। रिंका ने कई बार अत्सर से कहा था कि रुचा उसे पसंद नहीं थी। उसने तो यह तक कह दिया की उसके (रुचा) जैसी लड़की कभी उसकी गर्ल्फ़्रेंड नहीं बन सकती। यहाँ अब सोचने वाली बात थी, वह इंसान ऐसी बात कर रहा था जो ख़ुद अब तक कई लड़कियों के साथ बिना शादी के सुहागरात मना चुका था। रिंका ने रुचा के बारे में ऐसी बातें इसलिए, की क्योंकि रुचा ने ख़ुद रिंका से कहा था कि उसने अब तक बड़ों-बड़ों को घुमाया है। वह ऐसा रिंका के सामने भाव जमाने के लिए कर रही थी। लेकिन उसे क्या पता था की रिंका के मन में उसके लिए उसकी क्या छवि है।

एक दिन रुचा और अत्सर के बीच चैटिंग चल रही थी तभी रुचा ने अत्सर से कहा की उसका एक बॉफ़्रेंड है और वह उसके साथ बहुत ख़ुश है। अत्सर ने भी प्रति-उत्तर में कहा- यह तो अच्छी बात है। और वह कर

भी क्या सकता था। उसके एक दिन बाद ही रिंका ने अत्सर से कहा की रुचा उसे बार-बार उसके साथ सिनेमा देखने जाने के लिए बोल रही है, वह भी उसके मना करने के बावजूद। जबकि रिंका ने ख़ुद रुचा से मिलने के लिए कहा था। कुल मिलाकर रिंका उसे अपने जीवन में लाना तो चाहता था लेकिन सिर्फ़ उपयोग की वस्तु की तरह। "अत्सर ने रुचा से कहा भी कि तुम रिंका को बार बार सिनेमा देखने के लिए क्यों कह रही हो जब वह मना कर रहा है। अभी तुमने कुछ दिन पहले ही कहा था कि तुम अपने बॉयफ्रेंड के साथ बहुत खुश हो तो फिर अब क्या हुआ...? सिर्फ़ इतनी सी बात पर रुचा ने अत्सर को बुरा भला कह डाला... तुम होते कौन हो मुझे ऐसा कहने वाले... तुम कैसे मेरे चरित्र पर उँगली उठा सकते हो?" जबकि अत्सर ने उसके चरित्र को लेकर कोई ऐसी बात नहीं की, उसने तो सिर्फ़ उसी की बात को उसके सामने दोहराया था। जो इंसान खुद अपने इज्जत का कबाड़ा कर रहा हो भला कोई और उसके चरित्र के बारे में कैसे बोल सकता है। रुचा से अत्सर ने कभी इज़हार भी नहीं किया की वह उसे पसंद करता है लेकिन फिर भी रुचा ने रिंका से कहा की अत्सर उसे पसंद करता है। और यह बात उसने तब कही जब रिंका ने रुचा से कहा की अत्सर उसे पसंद करता था। यह बात तो सच थी की अत्सर रुचा को पसंद करता था लेकिन उसने रुचा से कभी कुछ नहीं कहा। सिर्फ़ रिंका को इसके बारे में पता था। जब रिंका ने रुचा से कहा की अत्सर उसे पसंद करता है तभी रुचा ने कहा- हाँ! मैं जानती हूँ...। और यह बात उसने सिर्फ़ कल्पनाओं के आधार पर कहा था। रुचा और रिंका दोनो ही एक जैसे थे। दोनो की मंसा लड़का/लड़की को बिस्तर तक ले आने तक ही सीमित रहती थी। रुचा रिंका को पसंद इसलिए, करती थी क्योंकि वह अपनी सहेलियों को दिखाना चाहती थी की उसका बॉयफ्रेंड स्मार्ट दिखता है और लम्बा है। रिंका की लम्बाई (लगभग छः फ़ीट) रुचा की लम्बाई (लगभग तीन फ़ीट) की दो गुनी थी। बस इसी बात को लेकर

रुचा रिंका को पसंद करती थी। अत्सर को भी इसकी भनक थी इसीलिए वह उन दोनों के मामले में नहीं आना चाहता था। वह तो रिंका ही था जो बार-बार अत्सर को रुचा के लिए उकसा रहा था। करता भी क्यों ना, उसे भी तो अपने दोस्तों के सामने यह जताना था की किसी लड़की ने किसी को नापसंद करके उसे (रिंका) को पसंद किया। उसे ऐसा करने में मज़ा आता था। किसी को नीचा दिखाना और फिर उसका मज़ाक़ उड़ाना उसकी फ़ितरत थी। उसे अपने रूप-रंग पर बहुत ग़ुरूर था।

इसी बीच, अत्सर की एक और लड़की (अल्पना) से बात चल रही थी। बातों-बातों में ही अत्सर ने एक दिन अल्पना को प्रपोज़ किया। और यह सब अत्सर ने ग़ुस्से में कहा था। उसने रुचा से ग़ुस्सा होकर अल्पना को प्रपोज़ किया था। और अल्पना ने भी पहले कहा की उसके जीवन में कोई लड़का नहीं है, यह पूछने पर की उसका कोई बॉफ्रेंड है? फिर बाद में उसने भी बाक़ी दोनों लड़कियों की तरह वही बात दोहराया की उसके जीवन में पहले से कोई है। अत्सर के प्रेमी जीवन का यह अध्याय भी यहीं बंद हो गया था।

अत्सर रिंका के पड़ोस में ही रहता था। रुचा वाली घटना के बाद अत्सर ने उसका (रिंका का) साथ छोड़ा और फिर से अपनी अकेली दुनिया में वापस चला गया। उसने अपना पता-ठिकाना सब बदल दिया।

अल्पना ने अत्सर से नफ़रत नहीं किया। वह अभी भी अत्सर के साथ सोशल मीडिया पर जुड़ी हुई थी। उसने स्वास्ती और रुचा की तरह, अत्सर को सोशल मीडिया पर ब्लॉक नहीं किया था। उनके बीच अभी भी बातें होती थीं, लेकिन सिर्फ़ एक दोस्त की तरह और वह भी कभी-कभी।

एक नई सुबह

स्नातक की परीक्षा पूरी करने के बाद अत्सर ने 4 साल अपने घर पर रह कर अपने पापा द्वारा ख़रीदी गई ज़मीन पर एक स्कूल खोलने का मन बनाया और साथ ही साथ किसानी का काम भी करने की इच्छा जताई। उसके पापा ने भी उसे इसकी इजाज़त दे दी। उसके पापा तो पहले भी उसे अपनी आँखों से ओझल होते हुए नहीं देखना चाहते थे। इसलिए, यह उनके लिए एक बहुत ही अच्छी खबर थी की अत्सर अब उनके पास रहने जा रहा था।

एक तो सूरज की किरणें और दूजी यह बारिश की हल्की-हल्की सी फुहार- अत्सर अपने मन में बड़बड़ाते हुए खेत में उगी चने की फसल को अपने हाथों से सहला रहा था। ऐसा लग रहा था जैसे कोई पिता अपने बच्चे को सांत्वना दे रहा हो की चिंता मत कर मेरे बच्चे संकट के यह बादल हट जाएँगे और फिर, तू फिर से इस दुनियाँ में अपनी एक अलग पहचान बना पाएगा।

ना कर फ़िक्र तू रे बंदया,

सब मिट्टी बन जाएगा,

एक दिन ऐसा आएगा,

तू भी सूरमा कहलाएगा।

जब किसी की भूख के ख़ातिर,

पूरी के साथ, तू छोला बन जाएगा,

तब गाएँगे सब तेरी महिमा,

क्या सुंदर पकवान बना है,

सूखा भी अब धनवान बना है।।

अत्सर ऐसे ही इस कविता के ज़रिए चने के पेड़ को सहलाते हुए उन्हें सांत्वना दिला रहा था कि तभी वहाँ उसकी 'रानी' मासी जी आ गईं।

उन्होंने हमेशा की तरह अपनी प्यार भरी खिंची हुई आवाज़ में कहा- 'ई तुम का कर रहे हो बाबू?' चने के पेड़ को तुम सांत्वना दिला रहे। चलो घर चलो, सब खाने पर तुम्हारा इंतज़ार कर रहे हैं। तुम हियाँ बैठ कर फसल ताक रहे।

"नहीं काकी हम लोग ऐसे ही घूमने के लिए आ गए थे", खेत के मेड़ पर बैठे गाँव के मुखिया के बेटे (धन्धीर) ने कहा। लेकिन जैसे ही हम यहाँ पहुँचे तो सूरज की किरणों ने बादलों को पिघलाना शुरू कर दिया और फिर पानी की बूँदों ने अपना जलवा बिखेरना शुरू कर दिया। किसी ने चने के पेड़ के छोटे-छोटे पत्तों पर गिरकर उनके साथ शरारतें करना शुरू किया तो किसी ने सूखी मिट्टी पर गिर कर उसके छोटे-छोटे टुकड़ों को उससे अलग करना शुरू कर दिया। ऐसा लग रहा था जैसे कुछ दुष्ट लोगों ने ध्यान लगाए बैठे कुछ योगियों को जगा दिया हो और वह सब अब क्रोध की ज्वाला में उबल रहे हों।

'मासी आप चलिए मैं अभी थोड़ी देर में आता हूँ।', अत्सर ने अपनी करुणा से भरी आवाज़ में कहा।

ठीक है, याद से आ जाना समय पर और धन्धीर बेटा तुम भी चले आना, थोड़ा सा तुम भी खा लेना, साथ में बैठ कर।

नहीं काकी मैं खाना खा कर आया हूँ। माई (माँ) ने कलेवा बनाया था तो वही खा कर चला आया। अभी मुझे बापू के पास जाना है। उनका कुछ का़ग़ज़-पाथर घर पर ही छूट गया था, वह लेके जाना है, उन्हें देने। सुबह वह जल्दी-जल्दी में अपने साथ ले जाना ही भूल गए थे। अब हुआँ कचहरी में बैठ कर फ़ोन पर फ़ोन कर रहे हैं।

'अरे तो फिर तुम जाओगे कि यहाँ बैठ कर समय पार कर रहे।', अत्सर की मासी ने आवाज़ को तेज करते हुए कहा।

'जा रहा हूँ काकी, बस अब निकलने ही वाला हूँ।', धन्धीर ने कहा।

'और अत्सर, बाबू तुम भूल मत जाना, याद से खाना खाने आ जाना, हीयाँ बैठे मत रह जाना। सब बुला रहें हैं तुम्हें।', अत्सर की मासी ने उसे फिर से याद दिलाते हुए कहा।

'ठीक है मासी, मैं आ जाऊँगा। आप बेपरवाह होकर जाएँ।'

उसके दूसरे दिन ही अत्सर की रानी मासी अपने घर चली गईं। अत्सर के मासा जी ने उन्हें वापस घर बुलाया क्योंकि उनकी बेटी अब मुंबा में स्थित एक महाविद्यालय में प्रवेश पाने के लिए तैयारियाँ कर रही थी। और बहुत जल्द वह प्रवेश परीक्षा के लिए मुंबा जाने वाली थी।

अत्सर की मासी के जाने के बाद ही दूसरे दिन अत्सर के नाम का एक पत्र आया। उसमें लिखा था की जो स्नातकोत्तर की पढ़ाई उसने बीच में ही एक साल पहले छोड़ दी थी अब या तो वह फिर से अगले सेमेस्टर में दाख़िला लेकर आगे बढ़ाए या फिर उसकी अब तक की एक साल की सारी पढ़ाई रद्द कर दी जाएगी। अत्सर इस टेक्निकल पढ़ाई को एक साल तक ही आगे बढ़ा पाया था क्योंकि उसके बाद उसने पैसों की कमी

की वजह से बीच में ही रोक दिया था। वैसे तो स्नातकोत्तर की पढ़ाई दो साल की ही होती है लेकिन कुछ टेक्निकल डिग्रीज़ तीन साल की भी होती हैं, जिन्हें चार साल के अंदर-अंदर में पूरा करना होता है। अत्सर के पापा ने अत्सर को अपनी बची हुई पढ़ाई पूरी करने के लिए कहा। अब उनके पास इतना पैसा था की वह अत्सर के विद्यालय की फ़ीस दे सकते थे। क्योंकि पिछले साल उनकी अच्छी ख़ासी खेती हुई थी। और अत्सर के पापा एक अध्यापक भी थे तो अब उनका खर्च चल जाता था। पहले अत्सर के भाई की बीमारी की वजह से उनका सारा का सारा बेतन उसके भाई की बीमारी और घर के खर्च में ही चला जाता था। और अत्सर के पापा ने कुछ पैसा घर बनवाने में भी लगा दिया था इसलिए, उनके पास पैसों की कमी हो गई थी। और अत्सर के कॉलेज की फ़ीस भी बहुत ज्यादे थी। अत्सर के पापा को उसके गाँव में तो कुछ नहीं मिला था, उसके बाबा जी की तरफ़ से। लेकिन उसके पापा ने फेब टाउन के पास में स्थित एक गाँव में ही कुछ खेत ख़रीद रखा था। उसके पापा के भाइयों ने उसके बाबा जी को बहका कर सारा का सारा धन और दौलत अपने नाम करवा लिया था। और उसके बाबा जी ने भी ख़ुशी-ख़ुशी यह काम किया था। वह अपने सारे बेटों को एक बराबर करना चाहते थे। यह बात वह अपने रिस्तेदारों से कहते थे, लेकिन असल बात यह नहीं थी। असल बात तो यह थी की वह अत्सर के पापा को अपने पैरों तले रखना चाहते थे। अत्सर के पापा बहुत ही सीधे साधे इंसान थे और इसी का फ़ायदा उसके बाबा जी उठाना चाहते थे। यह तो अच्छा था की अत्सर के पापा की नौकरी लगी और वह घर से बाहर निकल गए। वर्ना अत्सर और उसका भाई दोनों अपने दादा-चाचा के बच्चों की ग़ुलामी करते। अत्सर के बाबा, अत्सर के पापा की नौकरी लगने के बाद भी यही चाहते थे। वह चाहते थे की उसके पापा सारा पैसा घर ले जाकर दें और बाक़ी सारे उस पैसे पर ठाठ की ज़िंदगी जिएँ। लेकिन अत्सर के पापा ने ऐसा नहीं

किया। वह सीधे-साधे ज़रूर थे लेकिन इतने भी नहीं की अपने बच्चों का भविष्य ना देख सकें। उन्होंने पैसा देने से मना कर दिया, इसीलिए अत्सर के बाबा ने अपनी सारी कमाई अपने बाक़ी के बेटों के नाम कर दी। लेकिन कुछ भी हो अत्सर के पापा अभी भी उन सबसे आगे थे। किसी के हिस्से का धन डकार जाने से कोई इंसान धनी नहीं बन जाता।

अत्सर के पापा के कहने पर अत्सर ने स्कूल खोलने और किसानी करने का विचार अपने मन से हटाया और अपनी बची हुई स्नातकोत्तर की शिक्षा पूरी करने के लिए निकल पड़ा।

गर्मी का मौसम, गमले में लगे छोटे-छोटे गुलाब के पौधे अब अपनी टहनियों की विवसता को समझ चुके हैं। टहनियों की विवसता की वजह से ही अब गुलाब के वह पौधे जो एक दिन सूरज के साथ नज़रें मिला कर बातें करते थे, अब उसी सूरज के सामने अपनी गर्दन झुकाए बैठे हुए थे। उनके दर्द को समझने वाला इस दुनिया में कोई नहीं है, सिवाय "मंसा" के।

मंसा हर सुबह उठकर उन्हें पीने का पानी देती थी। लेकिन अब तो वह भी ना हो पा रहा था, जब से मंसा ने किसी बड़े से विद्यालय में अपने प्रोफ़ेसर बनने के सपने को लेकर काम करना शुरू किया था। अब वह दिन-रात अपनी पढ़ाई में लगी रहती थी। अब उसने बाज़ार जाना भी बंद कर दिया था। जहां मुहल्ले के दो चार लफ़ंगे लड़के उसे देख कर उसे लुभाने के लिए तरह-तरह के हथकंडे अपनाते रहते थे, अब उन सब के भी सारे हथकंडे धरे के धरे रह गए थे। अपनी स्नातक की शिक्षा पूरी करने के बाद अब मंसा ने सिंध शहर को छोड़ कर 'मुंबा' महानगर में स्थित 'सर वात्सल्य महाविद्यालय' में पढ़ाई करने का पूरा मन बना लिया था।

मंसा की माँ (अत्सर की रानी मासी) उसके (मंसा के) मासी के घर गई हुई थीं। इसलिए, उसका बड़ा भाई सबके लिए खाना पकाता था। मंसा सुबह उठते ही घर की साफ़ सफ़ाई कर देती थी और फिर स्नान आदि करने के बाद अपनी पढ़ाई में लग जाती थी। मंसा के पापा (पृथ्व प्रकाश) एक बैंक में बैंक मैनेजर थे। वह सुबह उठकर पहले पार्क में मॉर्निंग वाल्क पर जाते थे और फिर सुबह के ९ बजने से पहले दफ़्तर के लिए निकल लेते थे। शाम को वापस घर आने के बाद वह फिर से अपने ऑफ़िस के बचे हुए काम को पूरा करने में लग जाते थे। ऑफ़िस का काम पूरा करने के बाद वह मंसा के भाई की रात का खाना पकाने में मदद कर देते थे। कुछ दिनों बाद मंसा के पापा ने उसकी माँ को फ़ोन कर उसकी मासी के घर से वापस बुलवा लिया।

प्रवेश परीक्षा की तारीख़ आ गई थी। मंसा अपने घर के बाहर खड़े होकर बस के आने का इंतज़ार कर रही थी।

थोड़ी देर इंतज़ार करने के बाद बस आ गई। अत्सर भी उसी बस में बैठा हुआ था क्योंकि दुर्शन से मुंबा जाने वाली सारी बसें सिंध शहर से होकर ही जाती थी। यह बात मंसा के मम्मी-पापा के लिए ख़ुशी की बात थी की अत्सर भी उसके साथ उसी बस में जा रहा था। और सबसे बड़ी बात, मंसा भी अब उसी विद्यालय में प्रवेश परीक्षा देने जा रही थी जिस विद्यालय में अत्सर अपनी बची हुई टेक्निकल स्नातकोत्तर की शिक्षा पूरी करने जा रहा था।

"अंधेरे को मिटाने वाला सिर्फ़ एक।
चाँद ने छीना अंधेरे का सुख-चैन।।"

अत्सर पुराना छात्र था, इसलिए, उसकी कक्षाएँ जल्द ही प्रारम्भ होने वाली थी। नए छात्रों की कक्षाएँ भी प्रवेश परीक्षा के बाद, जल्द ही प्रारम्भ होने वाली थी।

अभी हॉस्टल में प्रवेश लेने के लिए प्रक्रिया शुरू नहीं हुई थी इसलिए, अत्सर ने अपने कॉलेज के पास में ही पंद्रह दिन के लिए एक रूम रेंट पर ले लिया। मंसा ने भी होटेल में रूम किताब ना करके, अत्सर के साथ ही रहने का फ़ैसला लिया। दूसरे दिन सुबह-सुबह तैयार होकर अत्सर ने पहले मंसा को प्रवेश परीक्षा विभाग में छोड़ा और फिर ख़ुद का नामांकन कराने निकल पड़ा, अगले सेमेस्टर के लिए।

प्रवेश परीक्षा ख़त्म हुई। अत्सर पहले ही कॉलेज की फ़ीस भरके प्रवेश परीक्षा सेंटर के बाहर आकर खड़ा था। वह मंसा के बाहर आने का इंतज़ार कर रहा था। तभी मंसा प्रवेश परीक्षा कक्ष से बाहर आती हुई दिखी। उसके चेहरे पर एक अलग ही ख़ुशी की झलक दिख रही थी।

अत्सर ने मंसा से उसके परीक्षा के बारे में पूछा। मंसा ने ख़ुशी से झूमते हुए कहा- "परीक्षा अच्छी हुई, बाक़ी रिज़ल्ट आने के बाद पता चलेगा की प्रवेश मिलेगा की नहीं।" अत्सर ने भी कहा- हाँ, वह तो है।

दोनों वापस अपने ठिकाने पर पहुँचे। जो रूम उन दोनों ने रेंट पर लिया था, एक बाथरूम भी उसी रूम के जुड़ा हुआ था। सिर्फ़ कमी थी तो एक रसोई घर की। ना ही वहाँ पर खाना पकाने की जगह थी और ना ही खाना पकाने के लिए राशन का सामान। और अगर राशन का सामान वह लोग ख़रीद भी लेते तो खाना पकाने के लिए बाक़ी की ज़रूरत की चीजें कहाँ से लाते। इसलिए, उन लोगों ने खाना बाहर से मंगाने का फ़ैसला लिया। अत्सर ने एक खाना डिलिवर करने वाले मोबाइल ऐप्लिकेशन (फ़ूड टू होम) से खाना ऑर्डर किया।

दोपहर के 1 बज रहे थे। लगभग आधे घंटे इंतज़ार करने के बाद, खाना आ गया। खाने में छ: रोटियाँ, एक प्लेट मटर पनीर, एक प्लेट मिक्स वेज सब्ज़ी और एक प्लेट चावल था।

खाना खाने के बाद, दोनों ने थोड़ी देर आराम करने का फ़ैसला किया। कमरे में एक ही बेड होने की वजह से अत्सर ने मंसा को बेड पर सोने को कहा और फिर ख़ुद ज़मीन पर घर से लाए हुए चद्दर को बिछा कर लेट गया। अत्सर ने एक और चद्दर को मोड़कर अपने सर के नीचे रख लिया। यह चद्दर मंसा अपने साथ लेकर आई थी।

शाम के छ: बज रहे थे। अत्सर की नींद खुली तो देखा की मंसा कमरे में नहीं थी। अत्सर ने जल्दी से अपना फ़ोन पास में रखी मेज़ पर से उठाया और फिर मंसा को फ़ोन लगाया।

अत्सर: हेलो! कहाँ चली गई तुम? (हड़बड़ाते हुए कहा)

मंसा: अरे...(रुकते हुए) मैं बाहर बग़ल की दुकान से कुछ बिस्कुट और नमकीन लाने के लिए चली आई हूँ। अभी-अभी आई हूँ... आती हूँ मैं... भीड़ ज़्यादा है, इसलिए, समय लग रहा है।

अत्सरः ठीक है...(साधारण तरीक़े से)। आजाओ जल्दी से...।

अत्सर ने ज़मीन पर पड़े चद्दर को समेटा और उसे आलमारी में रख दिया। आँख और मुँह धुलने के बाद वह बेड पर जाकर दिवार के सहारे बैठ गया। तभी मंसा भी वहाँ आ पहुँची। वह भी अत्सर के बग़ल में जाकर बैठ गई। अत्सर ने मंसा द्वारा लाए गए नमकीन के एक पैकेट को खोला, उसमें से थोड़ी सी नमकीन उसने अपने हाथ की हथेली पर गिराया और खा गया। इसी तरह मंसा ने भी किया। यह प्रकिया तब तक चलती रही जब तक की नमकीन का पैकेट ख़ाली नहीं हो गया। मंसा ने अत्सर से और कुछ खाना है? ऐसा पूछा। अत्सर ने नहीं में जवाब दिया इसलिए, मंसा ने बाक़ी का बचा हुआ एक पैकेट नमकीन और बिस्कुट का एक पैकेट, उठकर मेज़ पर रख दिया और फिर से वापस आकर उसी जगह पर बैठ गई। उसने मेज़ पर रखी एक किताब भी उठा लिया था। उसने अत्सर के कंधे पर अपना सर रख कर किताब पढ़ना प्रारम्भ कर दिया। बीच में जब उसका (अत्सर) कंधा दर्द करने लगता तो वह मंसा के सर को उठाता और फिर उसी जगह रख देता। जब मंसा पूछती की कंधा दर्द करने लगा क्या? तो वह नहीं में जवाब दे देता था। और वह फिर से अपनी किताब को पढ़ने में लग जाती थी। ऐसा करते-करते रात के ११ बज गए थे। मंसा भी हाथ में किताब लिए-लिए अत्सर के कंधे पर ही सर रख कर सो गई थी। अत्सर ने, बेड के सिरहाने की ओर खिसकते हुए, उसके सर को धीरे से उठाकर अपने पैर के ऊपरी हिस्से पर रखा और उसके मुड़े हुए पैर को सही करने के बाद उसे चद्दर ओढ़ाया और फिर ख़ुद पहले की तरह दिवार के सहारे बैठे-बैठे सो गया।

यही वह समय था, जब अत्सर के जीवन रूपी किताब में कुछ नए पन्नों का जुड़ना शुरू हुआ। यह नए पन्ने ख़ुशी और सौहार्द से परिपूर्ण थे। इन पन्नों में लिखी सारी बातें अत्सर के जीवन के अनुकूल थी। जीवन रूपी इन नए पन्नों में लिखी बातें यह दर्शाती थीं की अब अत्सर के

जीवन में भी बहुत जल्द प्यार की कुछ बूँदें पड़ने वाली थीं। और हो सकता हो की प्रेम रूपी बादलों के मन में अत्सर के लिए दया-भावना जागे और वह उसके जीवन में प्रेम की बारिश भी कर जाएँ। अब अगर कुछ किया जा सकता है, तो वह है, सिर्फ़ कुछ पल का इंतज़ार...।

अंधेरे की ग़ुलाम परियों ने,
घेर रखा था, मेरे मन को।
सुबह की किरण तुम बन कर आई,
मंगल करने, मेरे मन उपवन का।
सो गया था, मैं थक हार कर,
ख़ुशी की परियों ने फिर कुछ याद दिलाया।
तब जागा, उठ खड़ा हुआ,
और मुग्ध हुआ, मन की महिमा में।।

प्रीत की रीत

"अँधियारे ने घेर रखा था, चंचल मन की किरणों को।
पिघल गईं सब काली परतें, देख गगन में एक अर्धन को।।"

सूरज की कुछ बदमाश किरणों ने अत्सर की आँखों को परेशान करना शुरू किया। उसकी बंद पलकों ने अपनी-अपनी सतहों पर सूरज की किरणों की गुदगुदाहट को महसूस किया। उसकी आँखों की पलकें ऊपर उठी और आँखों को अपने चंगुल से रिहा किया। आँख की पुतलियों ने इधर-उधर घूमना शुरू किया। मंसा अभी भी सोई पड़ी थी। इसलिए, वह जैसे के तैसे वहीं बैठा रहा।

लगभग पंद्रह मिनट बाद, मंसा ने अपनी आँख खोला। उसने आँख खोलते ही कहा- "बोल नहीं सकते थे, मैं ठीक से सो जाती। तुम भी मेरी वजह से सारी रात बैठ कर सोते रहे।" "अरे! तुम अपनी प्यारी सी नींद में सो गई थी, इसलिए, मैंने तुम्हें जगाना ठीक नहीं समझा", अत्सर ने ठहरते हुए कहा। और वैसे भी जब मैं दिन में सो लेता हूँ तो मुझे रात में नींद नहीं लगती। तुम्हारे सो जाने के थोड़ी देर बाद, मैं भी थोड़ी देर के लिए सो गया था। लेकिन, फिर आँख खुल गई। इसलिए, मैंने किताब

उठाया और पढ़ना शुरु कर दिया। "अच्छा... (रुकते हुए), तो कितना पढ़ लिया... अपनी जिह्वा पर ज़ोर डालते हुए, मंसा ने प्रश्न किया।" "ज़्यादा नहीं, फिर भी 25% पढ़ लिया है", अत्सर ने जवाब दिया। "बहुत अच्छा! सही इस्तेमाल किया समय का, मुझे गर्व है तुम पर। इसी तरह आगे बढ़ते रहो, वत्स", मंसा ने मज़ाकिये अन्दाज़ में कहा। उसकी बात सुनकर अत्सर खुश हुआ। मुस्कुराते हुए वह बिस्तर से उठा और पास की मेज़ पर पड़े मोबाइल फ़ोन को उठाकर, उसमें समय चेक किया।

सुबह के छः बज रहे थे। यह रविवार का दिन था। दोनों ने स्नान इत्यादि करके अपने लिए सुबह का नाश्ता ऑर्डर किया। नाश्ता करने के बाद, दोनों फिर से बिस्तर पर दिवार के सहारे जाकर बैठ गए। अचानक मंसा ने अत्सर की तरफ़ अपना सर मोड़ा और कहा- 'कहीं घूमने चलें?' "हाँ! चलते हैं", अत्सर ने कहा। अत्सर ने अपने मोबाइल फ़ोन में इंटरनेट पर घूमने लायक़ जगह के लिए तहक़ीक़ात की। जिसमें से उन दोनों ने पास में ही स्थित एक चिड़ियाघर में जाने का मन बनाया। दोनों ने अपना कुछ ढंग का कपड़ा पहना और निकल पड़े, अपनी मंज़िल की ओर। अत्सर ने घर से बाहर निकल कर एक आटो-रिक्शा किताब किया।

लगभग आधे घंटे सफ़र के बाद, दोनों अपने गंतव्य स्थान पर पहुँच गए। रिक्शो से बाहर निकल कर अत्सर ने ऑटो चालक को मीटर पर लिखी राशि प्रदान किया। फिर उन दोनों ने अपने-अपने कदम चिड़ियाघर की ओर बढ़ाया। जैसे ही वह लोग चिड़ियाघर के दरवाज़े पर पहुँचे तो देखा की 'यह चिड़ियाघर अस्थाई रूप से, मरम्मत का काम चलने की वजह से, बंद कर दिया गया है', ऐसा लिखा था।

अत्सर ने मुड़कर मंसा की ओर देखा और मुस्कुराने लगा। मंसा भी मुस्कुराने लगी। शायद दोनों ही अपनी-अपनी क़िस्मत पर हँस रहे थे। दोनों ने मुड़कर रोड के आस-पास अपनी नज़र को दौड़ाया। पास में एक

जूस बेचने वाला दिखा। मंसा ने कहा- 'चलो शेक पीते हैं।' अत्सर ने भी सहमति जताया और जूस वाले की तरफ़ बढ़ चला। मंसा भी उसके पीछे-पीछे चल पड़ी।

जूस की दुकान पर पहुँचकर मंसा ने अपने लिए मैंगो शेक ऑर्डर किया और अत्सर ने 'मिक्स फ्रूट जूस' ऑर्डर किया। जूस पीने के बाद, अत्सर ने जूस का पैसा चुकाया और फिर रोड की ओर मुड़ा। मंसा ने भी वही किया। कुछ देर शांत खड़े रहने के बाद, मंसा ने कहा- 'तो अब वापस चलें...?' अत्सर ने नहीं में सर हिलाते हुए कहा- 'अब आए हैं तो कहीं ना कहीं घूम कर ही जाएँगे।' अत्सर फिर से जूस की दुकान की ओर मुड़ा और दुकानदार से पास में किसी घूमने लायक़ जगह के बारे में पूछा। दुकानदार ने पास में ही स्थित एक शॉपिंग मॉल का सुझाव दिया। उसने कहा- 'आप वहाँ पर घूम भी सकते हैं और मन करे तो सिनेमा भी देख लेना।' मंसा ने सुनते ही कहा- "हाँ! चलते हैं ना, अगर कोई अच्छी सी मूवी लगी होगी तो वह भी देख आएँगे।" अत्सर ने कहा- 'ठीक है, चलते हैं।' दोनों ने दुकानदार को धन्यवाद कहा और शॉपिंग मॉल की ओर चल पड़े। लगभग पाँच मिनट पैदल चलने के बाद, दोनों शॉपिंग मॉल के गेट पर पहुँच गए। वहाँ पर लगी सुरक्षा चेकिंग के बाद, वह लोग शॉपिंग मॉल के अंदर पहुँच गए। शॉपिंग मॉल के अंदर जाते ही मंसा पास की एक ब्यूटी की दुकान की ओर चल पड़ी। अत्सर दुकान के बाहर खड़े होकर आस-पास की चीजों का मुआयना करने लगा। और फिर मॉल के अंदर बीचों-बीच लगे सोफ़े पर जाकर बैठ गया। लगभग पाँच मिनट के बाद, मंसा दुकान से बाहर निकली। उसने अपनी नज़र को चारों तरफ़ दौड़ाया। फिर उसकी नज़र सोफ़े पर बैठे अत्सर पर पड़ी। वह उसकी ओर बढ़ चली। वह भी जाकर सोफ़े पर बैठ गई। अत्सर पास में खेल रहे छोटे-छोटे बच्चों को बड़े ध्यान से देख रहा था। मंसा ने धीरे से कहा- 'अपने भविष्य के बारे में तो नहीं सोच रहे।' अत्सर ने मुस्कुराते हुए मंसा

की ओर देखा और कहा- "अरे नहीं, मैं बस ऐसे ही उनके क्रिया क़लापों को देख रहा था।"

"हमम..."- मंसा ने अपनी आँखों को बड़ी करते हुए और अपनी गर्दन को थोड़ा ऊपर करते हुए, अत्सर की ओर देखते हुए कहा। उसकी इस हरकत से अत्सर हंसने लगा और 'पगलू' ऐसा कहकर उसके द्वारा की गई ख़रीददारी के बारे में पूछा। मंसा ने जो भी ख़रीदा था, उसके बारे में बयाँ किया। फिर अत्सर ने सिनेमा देखने की लिए पूछा। "कोई अच्छी मूवी लगी है", मंसा ने पूछा। "सिहरन उन दिनों के", अत्सर ने मूवी का नाम बताया। यह तो अच्छी मूवी है। "अभी एक हफ़्ते पहले ही तो सिनेमा घरों में आई है, चलो चलते हैं, देखने", मंसा ने कहा।

दोनों शॉपिंग मॉल के सेकंड फ़्लोर पर स्थित 'फ़्रीत' सिनेमा हॉल के गेट पर पहुँचे। वहाँ पर अत्सर ने दो टिकट किताब किया। मूवी के शुरू होने में अभी आधे घंटे का समय था इसलिए, दोनों ने बाहर ही लगे सोफ़े पर बैठने का मन बनाया। दोनों सोफ़े पर जाकर बैठ गए और अपना अपना मोबाइल फ़ोन निकाल कर विडीयो गेम खेलने में व्यस्त हो गए। तभी लगभग पंद्रह मिनट बाद मंसा की माँ का फ़ोन आया। मंसा ने फ़ोन उठाया। मंसा की माँ ने उससे पहले उसके हाल-चाल के बारे में पूछा फिर यह पूछा की वह इस समय कहाँ है। मंसा ने सब बताया की वह किसके साथ है और कहाँ के लिए निकली थी और कहाँ पहुँच गई। उसने सब विस्तार से बताया, उन्हें। मंसा की माँ ने भी सब ध्यान से सुना और फिर "अच्छा किया घूमने चले गए", ऐसा कहा। उन्होंने अत्सर के बारे में भी पूछा। मंसा ने, सब ठीक हैं, ऐसा कहा। फ़ोन में बातें चल ही रही थी की तभी अत्सर ने समय की ओर संकेत दिया। "माँ समय हो गया है, मूवी अब स्टार्ट होने जा रही है, अब फ़ोन रख रही हूँ मैं", मंसा ने ऐसा कहा। मंसा की माँ ने कहा- "ठीक है, जाओ।" मंसा ने फ़ोन बंद किया और फिर दोनों सिनेमाघर के मुख्य प्रवेश द्वार पर पहुँच गए। दोनों ने सिनेमा घर के

अंदर प्रवेश किया। पर्दें पर अभी विज्ञापन ही दिखाए जा रहे थे। दोनों अपनी-अपनी शीट पर जाकर बैठ गए। मंसा बीच की पंक्ति में लगी सबसे पहली कुर्सी पर बैठी थी और अत्सर उसके बाद दूसरे नम्बर की कुर्सी पर, अत्सर के बाद कुछ और लोग बैठे हुए थे। लगभग दो मिनट तक विज्ञापन दिखाए जाने के बाद, फ़िल्म शुरु हुई। यह फ़िल्म कुल दो घंटे तक चलने वाली थी। दो घंटे मूवी देखने के बाद दोनों सीधे अपने किराए के घर में पहुँच गए।

इसी तरह से, अत्सर और मंसा एक दूसरे में मन मस्त मगन होकर ख़ुशियों से भरी अपनी जीवन रूपी नाँव को चलाए जा रहे थे। अत्सर भी अब खुश नज़र आने लगा था और मंसा भी पहले से कहीं ज़्यादा खुश थी। मंसा की कहानी भी कुछ-कुछ अत्सर की ही तरह थी। उसे भी अब तक के उसके जीवन में दो लड़के पसंद आए थे, लेकिन उन दोनों लड़कों के जीवन में भी पहले से कोई ना कोई लड़की थी। दोनों ने एक दूसरे के बारे में एक दूसरे से बता रखा था। शायद यही वजह थी की उन दोनों के मन में एक दूसरे के लिए स्नेह बढ़ता जा रहा था।

"ढूँढ रहा जिसे मैं उजियारे में,
अंधेरे से, चाँद सी बन कर निकली तुम,
मैं पागल पंछी, मेरे मन का,
बन जाऊँ अब, तेरा रे मंसा,
बन जा तू मेरी अब प्रीत।"

90

ईर्ष्यालु हवाएँ

"काली आँधी बनकर आया, करने एक अनर्थ।
सफ़ेदी का लेप लगाकर, लौटा वह असमर्थ।।"

अचानक कुछ ईर्ष्यालु हवाओं की नज़र अत्सर और मंसा के खुशहाल जीवन पर पड़ जाती है और उन ईर्ष्यालु हवाओं ने अपना रुख उनके खिलखिलाते हुए जीवन की ओर मोड़ लिया।

मूवी देखकर वापस आने के बाद, अत्सर और मंसा ने पहले हाथ-पैर धुला और फिर दोनों बिस्तर पर दिवार के सहारे एक दूसरे के पास-पास बैठ गए। मंसा ने अपने साथ अलमारी से एक नमकीन का पैकेट ले लिया था। अब दोनों थोड़ा सा नमकीन खाते और फिर उसके साथ ही साथ जो भी मूवी में देखा था उसके बारे में बतलाते। इस तरह से बात करते करते-उन्हें दो घंटे हो गए थे। अब तक उन दोनों ने मूवी का अंत भी बतला लिया था। शायद ही कुछ बतलाने को बचा रहा होगा, उस मूवी के बारे में। दोपहर के दो बज चुके थे। मंसा को अब नींद भी आने लगी थी। वह रास्ते में कुछ दूर पैदल चलने की वजह से थक गई थी। वह बार बार उबासियाँ ले रही थी। अत्सर ने उससे कुछ देर आराम कर लेने को

कहा। मंसा ने भी कहा- हाँ! ठीक है, मैं कुछ देर आराम कर लेती हूँ और तुम भी कुछ देर आराम कर लो। अत्सर ने कहा- "नहीं तुम सो जाओ, मुझे नींद नहीं आ रही, मैं जा रहा अपनी बची हुई किताब पूरी करने।" मंसा ने कहा- "ठीक है फिर कल रात की तरह ऐसे ही बैठे रहो, मैं कल की तरह सो जाती हूँ, तुम्हारे पैर पर अपना सर रख कर।" कल मुझे बहुत अच्छी नींद आई थी। अत्सर ने हंसते हुए कहा- "ठीक है, जो तुम्हें अच्छा लगे।

अत्सर अपनी किताब को पढ़ने में मस्त था तो मंसा सोने में, तभी अचानक मेज़ पर रखे फ़ोन की घंटी ने बजना शुरु किया। अत्सर ने फ़ोन उठाया और बिना कुछ बोले दूसरी तरफ़ से आने वाली आवाज़ का इंतज़ार करता रहा क्योंकि यह उसकी हमेशा की आदत थी। दूसरी तरफ़ से आवाज़ आई, "हेलो! मंसा, मैं जान रहा हूँ, तुम एक लड़के के साथ घूम रही हो। जब मैंने तुम्हारे सामने अपना प्रस्ताव रखा तो तुमने मेरे प्रस्ताव को अस्वीकार कर दिया और अब तुम किसी और के साथ घूम रही हो। मैं तुम्हारे माँ-बाप को फ़ोन कर के बोल दूँगा की तुम पढ़ने नहीं बल्कि किसी के साथ रंगरलियाँ मनाने शहर में गई हो।" अत्सर चुप चाप उसकी बात को सुनता रहा। वैसे होता तो वह कुछ बोलता भी, लेकिन उसने एक शब्द भी अपनी जिह्वा पर आने नहीं दिया, जिससे उसे किसी तरह का सक हो की वह मंसा से नहीं बल्कि किसी और से बोल रहा था। अत्सर बीच-बीच में आवाज़ बदल कर यह जताता रहा की वह मंसा से ही बोल रहा था। अत्सर ने जैसे ही लड़की की आवाज़ में, "नहीं यार ऐसा मत करना, तुम्हें जो मुझसे चाहिए मुझसे ले लेना", ऐसा कहा, वह व्यक्ति ऐसी बातें सुनकर समझा की अब लगता है उसका काम बनने ही वाला है। इसलिए, वह अभी भी बोले जा रहा था। उसकी अगली बातें थी- "देखो अगर तुम चाहती हो की मैं तुम्हारे माँ-बाप को यह सब ना बताऊँ तो तुम्हें मैं जैसा कहूँगा वैसा करना पड़ेगा।" अत्सर ने अपनी

आवाज़ को पतली करते हुए कहा- "ठीक है, जैसा तुम कहोगे मैं वैसा ही करूँगी, लेकिन तुम मेरे मम्मी-पापा को मत बताना।" फ़ोन के दूसरी तरफ़ से आवाज़ आई- "ठीक है तो सुनो, तुम मुझसे कल अकेले, मेरे कमरे पर मिलोगी।" उसके इतना बोलते ही अत्सर ने अपनी आवाज़ में कहा, "अबे! वो चिंगड़े की औलाद...। तुझे तो मैं ऐसी जगह मारूँगा ना की तू मिलना तो दूर, ऐसा सोचने से पहले सौ बार सोचेगा, रख फ़ोन... (क्रोध में चिल्लाते हुए)।" जैसे ही उस व्यक्ति ने अत्सर की आवाज़ को सुना उसने फ़ोन रख दिया। वहीं दूसरी तरफ़ मंसा भी अब जाग उठी थी। अत्सर के ज़ोर से चिल्लाने की वजह से वह उठ कर बैठ गई थी। मंसा ने उठते ही पूछा, "क्या हुआ? क्यों चिल्ला रहे... इतनी ज़ोर-ज़ोर से...? अच्छा ख़ासा सो रही थी, जगा दिए। किसने फ़ोन किया था?", मंसा ने पूछा।

अत्सर ने सारी बात मंसा को बताया। सारी बात सुनने के बाद, मंसा ने अपना फ़ोन चेक किया, यह जानने के लिए की किसने फ़ोन किया था। मंसा ने देखते ही कहा- "अरे...! यह तो वही लड़का है जिसने मेरा जीना हराम कर रखा है। इसे पता नहीं कहाँ से मेरा नम्बर मिल गया और यह बार-बार मुझे फ़ोन करके तंग करता रहता है। इसने मुझे एक बार मुझे प्रपोज़ किया था, जब मैं ग्रैजूएशन फ़र्स्ट ईयर में थी। मैंने इसे मना कर दिया था क्योंकि इसकी आदत अच्छी नहीं थी। इसने जब मुझे प्रपोज़ किया था तब तक यह लगभग तीन लड़कियों को इसी तरह से अपने जाल में फँसा चुका था। इसका घर मेरे घर से थोड़ी दूर पर ही है। अगर यह मुझसे सच में प्यार करता तो मैं इसे ज़रूर स्वीकार्य करती लेकिन यह बहुत बड़ा ठरकी है, कुत्ता... (ग़ुस्से में)। यह लड़कियों को हमेशा ग़लत निगाह से देखता आया है। इसे लगता है की हर लड़की इसकी जाल में फँस जाएगी। इसने पिछली बार मेरी फ़ोटो चुपके से कहीं से खिंच लिया और फिर उसमें कुछ अश्लील बना कर मेरे पड़ोस में

रह रही एक लड़की से मेरे पास भिजवाया और कहलवाया की अगर मैं जो वह बोलेगा नहीं करूँगी तो वह यह फ़ोटो मेरी पूरी क्लास को दिखा देगा। और उस लड़की ने ऐसा इसलिए, किया क्योंकि उसने उस लड़की के साथ भी यही किया था और उससे कहा था कि अगर वह उसका काम कर देगी तो वह उसे छोड़ देगा। वह लड़की उसकी धमकी से डर गई थी की कहीं वह सच में ऐसा ना कर दे और उसकी समाज में बदनामी हो। लेकिन मैंने उसकी बात नहीं सुनी और उसे अंतिम चेतावनी दी थी की अब अगर उसने ऐसा किया तो उसकी शिकायत मैं थाने में करूँगी। लेकिन वह माना नहीं...। लगता है, इसे सबक़ सिखाना ही पड़ेगा।"

मंसा ने उसी नम्बर पर फ़ोन लगाया और उससे कहा- "तुझे मैंने पिछली बार ही समझाया था ना की तू अब ऐसी हरकत नहीं करेगा, किसी के भी साथ, लेकिन तू कुत्ते की दूम है... तू नहीं सुधरने वाला।" फ़ोन के दूसरी तरफ़ से आवाज़ आई- "नहीं बहन, मैं अब ऐसा नहीं करूँगा, एक और बार माफ़ कर दो।" मंसा ने कहा- "चल ठीक है, मैं एक और चांस देती हूँ, तुझे सुधरने का। लेकिन इसके बाद, मैंने अगर यह सुना की तू किसी और लड़की को अपनी जाल में फ़साने के फ़िराक़ में है तो इस बार मैं तुझे नहीं बक्सने वाली। और तू क्या कह रहा था... तू मेरी शिकायत करेगा, जा कर दे... उल्टा तू दस जूते खाएगा, कुत्ता कहीं का...।" इतना कह कर मंसा ने फ़ोन रख दिया।

"इतनी गंदी हरकत कैसे कर पाते हैं लोग।" वह इतना सब कुछ कह कर बाथरूम में चली गई, मुँह धुलने के लिए। वापस आकर वह फिर से अत्सर के बग़ल में बैठ गई। अत्सर ने फिर से अपनी किताब को अपनी हाथों में उठा लिया था। वह फिर से अपनी किताब में व्यस्त हो गया था। मंसा अभी भी ग़ुस्से में थी। वह अपना सर अत्सर के कंधे पर रख कर, उस लड़के को कुत्ता, सुअर... ऐसे ही बुदबुदाए जा रही थी।

अचानक से, मंसा ने अपना सर अत्सर के कंधे से हटाते हुए, अत्सर के हाथ से किताब को छीना और कहा- "देख नहीं रहे, मैं कितना ग़ुस्से में हूँ और तुम्हें अभी भी क़िताब पढ़ने की पड़ी है। तुम फिर से अपनी किताब पढ़ने में व्यस्त हो गए। क्या तुम्हें बिल्कुल भी ग़ुस्सा नहीं आ रहा?"

अब ग़ुस्सा करने का क्या फ़ायदा, तुमने पहले ही, उसे अपनी तरफ़ से फ़ोन करके, सारा मसला ही खतम कर डाला। अब, मैं क्या बोलूँ इस बात पर। और तुम अब क्यूँ ग़ुस्सा हो रही हो। अपने आगे ग़ुस्सा होने का क्या फ़ायदा। जो तुम्हें कहना था वह तुमने उससे कह दिया, अब तुम्हें उसके बारे में नहीं सोचना चाहिए। हाँ! अगर तुम्हें इतना ही ग़ुस्सा आ रहा उस पर तो उसके मम्मी-पापा से जाकर बता देना। मंसा ने कहा- "नहीं, यही तो नहीं करना चाहती मैं। उसके मम्मी-पापा बहुत ही अच्छे इंसान हैं। यही पता नहीं कहाँ से ऐसा निकल गया। और इसमें कुछ उन लोगों की भी गलती है, उन्हीं लोगों ने अकेली औलाद होने की वजह से इसे अपने सर पर चढ़ा रखा था। और अब पछताते हैं की क्यूँ उन सब ने इसे इतनी छूट दी। यह अपने लफ़ंगे दोस्तों के साथ रहकर बर्बाद हो गया। इसके पापा दिल के मरीज़ हैं। वह इसकी इस हरकत के बारे में जानेंगे तो वह तो ऐसे ही मर जाएँगे। इसकी पहली हरकत की वजह से ही उन्हें हार्ट-अटैक आया था, जब इसने एक लड़की के साथ ऐसा किया था और फिर जेल भी गया था। लेकिन इसके बावजूद यह सुधरा नहीं था। इसकी मम्मी भी इसकी इस हरकत की वजह से तंग आ चुकी हैं। इसकी सारी बातें वह इसके पापा से छिपा लेती हैं क्योंकि उन्हें डर रहता है की कहीं उन्हें फिर से अटैक ना आ जाए। लेकिन अब कुछ भी हो, इसके बाद, मैं इसे नहीं छोड़ूँगी। अब अगर इसने ऐसी हरकत की तो मैं सीधे इसकी शिकायत जेल में करूँगी। बस एक बार इसके बारे में कोई ठोस सुबूत मिल जाए। यह हर बार बच जाता है क्योंकि इसके लफ़ंगे दोस्तों में से एक का बाप ख़ुद पुलिस की नौकरी करता है। और वही लड़का

इससे यह सब करवाता है। गलती हो गई, इसकी आवाज़ को रिकार्ड कर लेना चाहिए था।" "मैंने जैसे ही इसे ऐसे बोलते सुना, रिकार्डर चला दिया था"- अत्सर ने कहा। मंसा ने खुश होते हुए कहा- "यह तो बहुत अच्छी बात है, अब आएगा ऊँट पहाड़ के नीचे। इस बार तुम मेरे साथ मेरे घर चलना और तुम इससे बात करना अच्छे से। क्योंकि मैं इसके मुँह नहीं लगाना चाहती। इसकी सकल भी देखना मुझे गवारा लगता है।" "ठीक है, मैं चल लूँगा", अत्सर ने कहा। अब तुम अपना ग़ुस्सा थूक दो और शांत से बैठो। इसके बाद, मैं इससे निपट लूँगा।

अत्सर ने मंसा के फ़ोन से उस लड़के का नम्बर लिया और उसी दिन शाम को उसने उसे वह रिकॉर्डिंग भेजा और साथ में यह भी लिखा की आगे वह समझ ले की इस रिकॉर्डिंग के ज़रिए उसके साथ क्या-क्या हो सकता है। उस लड़के ने भी प्रति-उत्तर में लिखा था की वह अब ऐसी हरकत नहीं करेगा।

अत्सर और मंसा को उस किराए के घर में रहते-रहते लगभग पंद्रह दिन बीत गए थे। मंसा के प्रवेश परीक्षा का परिणाम भी फ़ोन वाली घटना के एक हफ़्ते बाद ही आ गया था। अत्सर की कक्षाएँ तो उसके दूसरे दिन से ही शुरू हो गई थीं। हॉस्टल के लिए अब नामांकन भी शुरू हो गए थे, उन छात्रों के लिए जिन छात्रों ने बीच में ही पढ़ाई छोड़ दी थी। जीन लोगों ने नया नामांकन करवाया था, जैसे की मंसा, उनके लिए तो हॉस्टल भी उसी समय मिल गया था, जब प्रवेश परीक्षा का रिज़ल्ट आया था। मंसा को भी एडमीसन मिल गया था। लेकिन वह अभी अत्सर के पास ही रह रही थी क्योंकि अत्सर को भी तो वहीं पर जाना था, कुछ ही दिनों में। फ़ोन वाली घटना से लेकर मंसा की कक्षाएँ शुरू होने तक, मंसा, अत्सर के साथ ही चली जाती थी। और उसके क्लास के बाहर बैठ कर उसका इंतज़ार करती रहती थी। शुरुआत में अत्सर की सिर्फ़ दो ही कक्षाएँ चल रही थीं, वह भी एक-एक घंटे की। मंसा, अत्सर के क्लास

के बाहर एक पेड़ के नीचे बने चबूतरे पर बैठ कर किताब पढ़ती रहती थी, अत्सर के वापस आ जाने तक। अत्सर की क्लास पूरी होते ही वह दोनों कहीं ना कहीं घूमने के लिए निकल लेते थे। यह सिलसिला तब तक चलता रहा जब तक की मंसा की कक्षाएँ शुरू नहीं हो गईं।

पंद्रह दिन तक किराए के घर में रहने के बाद, अत्सर को भी हॉस्टल में एक रूम मिल गया। अब दोनों ने हॉस्टल में जाकर रहना शुरू कर दिया। अब मंसा की भी कक्षाएँ शुरू हो चुकी थीं। अत्सर की बाक़ी की कक्षाएँ भी अब चलने लगी थीं। अब उन्हें इतना समय नहीं मिलता था की वह दोनों रोज़-रोज़ कहीं घूमने जा सकें फिर भी वह दोनों क्लास खतम होने के बाद, एक दूसरे से मिल लिया करते थे और शाम को कॉलेज के अंदर ही स्थित एक चाय की दुकान पर दोनों चाय पीने के लिए पहुँच जाते थे।

महरूम बनकर फिरता रहा मैं,
तेरी एक मुस्कान की ख़ातिर।
काली बदरी बनकर आया,
ना कर पाया वह एक भी छल।
रूठ गया था सूरज इस जग से,
खिल आया चंदा मेरे मन-उपवन में।।

आँसुओं की कुछ बूँदें

"प्यार देख, दो हंसों का, नग्न हुई अब उसकी आँखें।
मर्यादा लाँघ कर निकला, करने एक अविलम्ब अनर्थ।।"

अब तक लगभग एक महीने बीत गए थे। अत्सर और मंसा दोनों अपनी-अपनी पढ़ाई में ज़ोरों-सोरों से लगे हुए थे। शनिवार का दिन था। मंसा अपनी क्लास पूरी करने के बाद, हॉस्टल के मेस में खाना खाने के लिए गई हुई थी। अत्सर का हॉस्टल पास में ही था, इसलिए, अत्सर भी उसी के साथ खाना खाने आ ज़ाया करता था।

दोनों अपना दोपहर का खाना खाने में व्यस्त थे, तभी मंसा के फ़ोन ने ट्रिन... ट्रिन... की आवाज़ करना शुरु किया। मंसा ने फ़ोन को अपने बाएँ हाथ से उठाते हुए फ़ोन के हरे बटन को दबाकर अपने कान के पास लगाया और कहा- "हेलो!" फ़ोन के दूसरी तरफ़ से आवाज़ आई- "हेलो! मंसा कहा है तू?" मंसा ने कहा- "हॉस्टल के मेस में... खाना खा रही हूँ।" और अत्सर कहाँ है? "वह भी मेरे साथ ही हैं। क्या हुआ?", मंसा ने जल्दी में कहा। अच्छा... तो तुम दोनों साथ ही हो...।

“हाँ! साथ में ही खाना खाते हैं, हम दोनों... लेकिन हुआ क्या? यह तो मैंने आपको पहले ही बताया था कि हम दोनों साथ में ही खाना खाते हैं। हम दोनों का हॉस्टल पास में ही है, इसलिए, हम लोग साथ में ही खाना खा लिया करते हैं। और उसके बाद, यहीं बग़ल में एक पार्क है तो हम लोग वहाँ थोड़ी देर के लिए घूमने निकल जाते हैं। लेकिन आप ऐसे अचानक यह सब क्यूँ पूछ रहे हो? बता तो रखा है, पहले ही सब कुछ...।”, मंसा ने हड़बड़ाते हुए कहा।

फ़ोन के दूसरी तरफ़ से आवाज़ आई- “अच्छा, ठीक है। कुछ नहीं बस ऐसे ही...। एक काम करो तुम दोनों एक दो दिन के लिए घर (मंसा के घर) आ जाओ। तेरे मौसा-मौसी (अत्सर के मम्मी-पापा) भी आ रहे हैं, तो तुम लोग भी मिल लेना, उन सब से...।”

ठीक है, देखती हूँ अगर अत्सर की छुट्टी होगी तो ज़रूर आ जाऊँगी। मेरी तो छुट्टी है, एक हफ़्ते तक... बहुत सही समय पर कॉल किया है, आपने...। मंसा ने फ़ोन को कान के पास लगाए हुए अत्सर से उसकी छुट्टी के बारे में पूछा। अत्सर ने भी कहा की उसकी भी एक हफ़्ते की छुट्टी है। उधर मंसा की माँ फ़ोन पर अत्सर की आवाज़ सुन रही थी इसलिए, उन्होंने कहा- ‘ठीक है फिर दोनों चले आओ, आज शाम की बस या फिर ट्रेन पकड़ो और चले आओ।’ कल तेरे मौसा और मौसी भी आ जाएँगे। आज शाम को चलते हो तुम लोग तो कल सुबह पहुँच जाओगे और वह लोग भी कल दोपहर तक पहुँच जाएँगे। वह लोग कल सुबह निकलेंगे...। मंसा के पापा भी पीछे से बोल रहे थे- ‘हाँ! बोल दो की निकल लो तुम दोनों आज ही, चाहे तो अभी निकल लो और शाम तक पहुँच जाओगे। छुट्टी है तो क्या करोगे वहाँ...।’ मंसा ने कहा- ‘हाँ! ठीक है, देख लेते हैं, जब बस मिल जाएगी तो अभी निकल लेंगे।

दोपहर का खाना खाने के बाद अत्सर और मंसा ने अपने अपने हॉस्टल रूम में जाकर अपना अपना बैग पैक किया और फिर दोनों मंसा

के हॉस्टल के सामने मिले। दोनों ने वहीं से एक आटो लिया और बस अड्डे की ओर निकल पड़े। बस अड्डे से बस लेने के बाद, उसी दिन रात को वह लोग घर पहुँच गए। रात के ९ बज रहे थे, जब वह लोग सिंध शहर के बस अड्डे पर पहुँचे। वहाँ से मंसा का घर १५ मिनट की दूरी पर है इसलिए, वहाँ से उन दोनों ने एक आटो लिया और लगभग पंद्रह मिनट के बाद दोनों घर पहुँच गए। घर पहुँच कर उन दोनों ने मंसा के मम्मी-पापा का पैर छुआ। मंसा की माँ ने धीरे से "सुखी रहो" ऐसा कहा। मंसा ने कहा- "क्या हुआ माँ? आपका चेहरा उतारा हुआ सा क्यों है?" मंसा की माँ ने कहा- "कुछ नहीं बस ऐसे ही, थोड़ी सी तबियत ख़राब है, इसलिए,....।" मंसा ने फिर पूछा- "क्या हुआ(थोड़ा घबराते हुए)... क्या हुआ आपकी तबियत को?" "अरे! कुछ नहीं बस थोड़ी सी हरारत सी है। दवा खाया है, सही हो जाएगा सब... अभी थोड़ी देर में। तुम लोग जाओ और हाथ-पैर धुलो और खाने के लिए आ जाओ", मंसा की माँ ने कहा। ठीक है, अत्सर और मंसा ने एक साथ बोला। इतना बोल कर मंसा ने अत्सर को अपने भाई के कमरे के पास में पहुँचाया और फिर अपने कमरे में चली गई।

थोड़ी देर बाद, सब खाने के लिए इकट्ठा हुए। मंसा की माँ ने गरमा-गरम पुरियाँ और आलू-पर्वल की सब्ज़ी बना रखा था। अब मिडल क्लास फ़ैमिली के पास डाइनिंग टेबल ख़रीदने के लिए ना तो पैसे होते हैं और ना ही उसे रखने के लिए घर में जगह। इसलिए, उनका डाइनिंग रूम और घर के मुखिया लोगों के सोने का रूम एक ही होता है। जब कोई मेहमान घर आ जाते हैं तो वही घर के मुखिया वाला कमरा गेस्ट रूम भी बन जाता है। यह रूम, एक टेलिविज़न के साथ ही साथ कुछ कुर्सियाँ, एक दो सोफ़े, और एक डबल बेड से परिपूर्ण था। कोई सोफ़े पर तो कोई कुर्सी पर तो वहीं कुछ लोग बेड पर ही बैठे-बैठे खाना खाने में लगे हुए थे। दूसरी तरफ़ टेलिविज़न में एक पारिवारिक शो अपनी रफ़्तार से

आगे बढ़े जा रहा था। खाना खाने के बाद सारे लोग सोने के लिए अपने अपने रूम में चले गए, जिसके लिए जो रूम दिया गया था।

दूसरे दिन दोपहर तक अत्सर के मम्मी-पापा भी आ गए थे। सब गेस्ट रूम में बैठे हुए थे। अत्सर की मम्मी और मौसी एक सोफ़े पर बैठी हुई थीं। और वहीं दूसरी तरफ़ अत्सर के मौसा और उसके पापा एक दूसरे सोफ़े पर बैठे हुए थे। सब शांत होकर बैठे हुए थे। मंसा का भाई पैर झुलाकर बिस्तर पर बैठा था। वह टेलिविज़न में आ रही मूवी देखने में मस्त था। अत्सर और मंसा अलग-अलग कुर्सी लगाकर पास-पास में बैठे हुए थे। वह दोनों भी टेलिविज़न देखने में व्यस्त थे।

अचानक अत्सर की नज़र उसकी मौसी के आँखों पर गई। उनकी आँखों से आँसू बह रहे थे। अत्सर ने कहा- "क्या हुआ मौसी, आपके आँखों में आंसू क्यूँ?" इतना सुनते ही सारी की सारी आँखों ने मंसा की माँ की ओर देखना शुरू किया। मंसा अपनी मम्मी के पास उठकर गई। वह उनके बग़ल में जाकर बैठ गई। उनके दूसरी तरफ़ बैठी उनकी बहन (अत्सर की माँ) ने कहना शुरू किया- "रो क्यूँ रही हो? वैसे भी अभी पूरी बात हमें ठीक से पता तो है नहीं। हो सकता हो, उस लड़के ने इन (मंसा और अत्सर की ओर इशारे करते हुए) लोगों के फ़ोटो के साथ छेड़खानी की हो। और तुमने ही तो बताया था की वह पहले भी ऐसा कर चुका है। और अब तो यह लोग आ भी गए हैं, सब अभी सामने आ जाएगा, जो भी सच होगा।" लेकिन, मंसा की माँ के आँखों से अश्रुओं की धार बंद होने का नाम ही नहीं ले रही थी। वह कुछ बोल ना रही थी, सिर्फ़ आँसू बहाए जा रही थी।

मंसा और अत्सर बार-बार यही पूछने में लगे हुए थे की आख़िर उन दोनों ने किया क्या था। इतने में अत्सर के पापा जी बोल पड़े- "तुम लोगों की साथ में एक फ़ोटो किसी ने हमारे पास भेजा है, जो बहुत ही अश्लील है।" तब उन्हें सारी बात समझ में आ गई। अच्छा... इसका

मतलब यह हरकत उसी लड़के की है, अत्सर ने कहा। मंसा की माँ ने अपने आंसू पोछते हुए कहा- "किस लड़के ने... हाँ (ग़ुस्से में)...? तुम लोगों को यही सब करना था तो पहले ही बता देते, हम लोग तुम दोनों की शादी कर देते, फिर जो मर्ज़ी होती तुम लोग करते। ऐसा क्यूँ किया तुम लोगों ने...? इसी लिए साथ-साथ रह रहे थे।"

"मम्मी आप ने जो भी देखा है, वह सच नहीं है। हाँ! यह सच है की हम लोग एक दूसरे को पसंद करते हैं, लेकिन इसका मतलब यह नहीं की हम लोग कुछ ऐसा करेंगे जिससे आप लोगों का सर शर्म से झुक जाए। इसी तरह से हमारे पास भी मोहल्ले के उस लड़के ने एक बार फ़ोन किया था। वह मुझे ब्लैकमेल करने की कोशिश में था। वह तो अत्सर ने फ़ोन उठा लिया था और फिर इसने उसे बहुत भला-बुरा कहा था।"- मंसा ने कहा। और साथ ही साथ उसने अत्सर से जो भी फ़ोन पर कहा था, वह सब अत्सर ने उन सब से बताया।

सारी बात सुनने के बाद, मंसा के पापा ने कहा- "लगता है हमें इसकी शिकायत थाने में करनी ही पड़ेगी। अब इस बात से डरने की ज़रूरत नहीं की उसका बाप एक दिल का मरीज़ है।" इतना बोलने के बाद सब शांत हो गए। कुछ देर शांत रहने के बाद, अत्सर के पापा ने मंसा के पापा से उनके साथ थाने जाने के लिए बोला। मंसा के पापा भी राज़ी हो गए। दोनों थाने पहुँच कर, एक अनजान इंसान के ख़िलाफ़ मामला दर्ज कराया क्योंकि उन्हें अभी ठीक से पता नहीं था की वह फ़ोटो भेजा किसने था। क्योंकि वह फ़ोटो किसी ने एक नए मोबाइल नम्बर से भेजा था। उसने यह फ़ोटो एक फ़ोटो मैसेजिंग मोबाइल एप्लिकेशन पर भेजा था। मामला दर्ज कराने के बाद, मंसा के पापा और उसके मौसा जी घर वापस आ गए।

मंसा की मम्मी और उसकी मौसी अभी वहीं पर बैठे हुए थे। अत्सर और मंसा का भाई दोनों बिस्तर पर बैठे हुए थे। और मंसा अभी भी अपनी

मम्मी के बग़ल में बैठी हुई थी। मंसा के पापा और उसके मौसा जी भी आकर ख़ाली पड़े दूसरे सोफ़े पर बैठ गए। मंसा की मम्मी ने पूछा- "कुछ पता चला?" "नहीं! अभी कहाँ, इतनी जल्दी कहाँ पता चलने वाला है। थानेदार ने कहा है कि वह हमें फ़ोन कर देगा जैसे ही उसे सब पता चलेगा।"- मंसा के पापा ने कहा। मंसा की माँ ने धीरे से ऊपर-नीचे अपना सर हिलाया। और बाक़ी के सारे लोग जहां के तहाँ बैठे रहे।

सारे लोग शांत बैठे हुए थे तभी अचानक से फ़ोन की घंटी बज़ी। मंसा के पापा ने फ़ोन उठाया। फ़ोन के दूसरी तरफ़ से आवाज़ आई- "अरे! आपके मामले का मुलज़िम पकड़ लिया गया है, अब आप लोगों को फ़िकर करने की ज़रूरत नहीं है।" मंसा के पापा ने कहा- "आख़िर वह है कौन?" "आपके पास में ही रहने वाला एक लड़का है, जिसके फ़ोन से उसके एक दोस्त ने ही आप लोगों के पास वह फ़ोटो आप लोगों के पास भेजा था। उसने पहले आपकी बेटी को ब्लैकमेल करने की कोशिश किया था लेकिन उसका काम नहीं बना तो उसने आप लोगों के पास वह फ़ोटो भेज दिया। दो थप्पड़ मारने के बाद उसने सब उगल दिया है। हम उसके दोस्त (मोहल्ले वाले लड़के के फ़ोन से फ़ोटो भेजने वाला) की तलाश में हैं। जल्द ही उसका भी पता लग जाएगा। वह अभी फ़रार है। और सब से बड़ी बात वह हमारे ही डिपार्टमेंट के एक व्यक्ति का बेटा है। लेकिन आप लोगों को परवाह करने की ज़रूरत नहीं, वह किसी का भी बेटा हो उसे सजा मिलेगी ही मिलेगी।"- पुलिस कर्मी ने फ़ोन में कहा। "ठीक है सर, उन्हें छोड़ना नहीं, बहुत परेशान किया है, इन लोगों ने हमें...", मंसा के पापा ने कहा। पुलिस कर्मी ने भी प्रति-उत्तर में कहा- "हाँ! आप चिंता ना करो, अब आपको यह लोग परेशान नहीं करेंगे।" मंसा के पापा ने फ़ोन रख दिया।

सब शांत-पूर्वक बैठे हुए थे। अचानक अत्सर की मम्मी ने कहा-"मंसा तुम क्या कह रही थी, तुम दोनों एक दूसरे को पसंद करते हो? उस समय किसी का ध्यान नहीं गया तेरी इस बात पर। आज बता रहे हो तुम लोग, पहले नहीं बोल सकते थे।"

इतना सुनते ही मंसा अपनी मम्मी के बग़ल से उठ कर खड़ी हो गई। उसने अपना सर नीचे झुका लिया था। उसे ऐसा देख अत्सर ने कहा-"मम्मी! हम लोग सही समय का इंतज़ार कर रहे थे। हमने सोचा था की जब आप लोग साथ-साथ होंगे तो हम लोग आपको बता देंगे। लेकिन ऐसे सब लोग मिलेंगे ऐसा कभी नहीं सोचा था।" अभी भी, मंसा एक दीवार के सहारे, चुप-चाप, डर के मारे अपना सर झुकाए खड़ी थी।

मंसा की माँ ने कहा- "मंसा, तू अपना सर झुका कर, डरकर क्यों खड़ी हो गई। हम लोग तुझे मार थोड़ी ना रहे हैं। हमें कोई दिक्क़त नहीं है बस फ़िक्र है तो सिर्फ़ इस बात की कि समाज में लोग हम लोगों पर उँगली ना उठाएँ। क्योंकि हम लोगों में अभी तक ऐसा कभी नहीं हुआ की दो बहनों की बेटे-बेटियों की आपस में शादी हुई हो।" इतने में अत्सर के पापा ने कहा- "मुझे कोई परवाह नहीं की समाज हमें क्या कहेगा। मुझे मंज़ूर है, बाक़ी तुम सब लोग (मंसा के पापा, उसकी मम्मी और उसकी मौसी की ओर देखते हुए) देख लो।" "मुझे भी कोई दिक्क़त नहीं... मुझे मंज़ूर है।"- मंसा के पापा ने कहा। इतने में मंसा की मम्मी भी बोल पड़ीं- "जब किसी को कोई दिक्क़त नहीं है तो फिर मुझे भी कोई दिक्क़त नहीं है।" "फिर देरी किस बात की है। इस बार इन दोनों के लिए थोड़ी सी पूजा

वग़ैरह कर लेते हैं और उसके साथ ही साथ कुछ गरीब लोगों को खिला-पिला भी देंगे, इसी ख़ुशी में। ”- अत्सर की मम्मी ने कहा। “सही कह रहे हो मासी आप, अभी इन दोनों की सगाई करवा देते हैं, फिर अगली बार जब यह दोनों लम्बी छुट्टी के लिए आएँगे तब इनकी शादी करवा देंगे। ”- बिस्तर पर पैर झुकाकर, काफ़ी देर से शांत बैठे मंसा के भाई ने कहा। “ठीक है फिर कल यहीं पर ही इनके लिए पूजा कर लेते हैं और इनकी सगाई करा देते हैं, फिर इन्हें जहां जाना हो जाएँ, जहां घूमना हो घूमें। ”- मंसा की माँ ने कहा। बाक़ी सब ने भी हाँ में हाँ मिलाया।

अत्सर की माँ भी बहुत खुश थी। उन्हें एक बहु जो मिलने वाली थी और वह भी उनके बहन की ही बेटी। यह शादी भी अब वैसे ही होने जा रही थी, जैसे दूसरे वर्ग के लोग करते थे। अभी तक अत्सर के वर्ग के लोगों में ही ऐसा नहीं होता था। लेकिन अब यहाँ भी ऐसा ही होने जा रहा था। अत्सर और मंसा भी बहुत खुश थे। दोनों एक दूसरे की ओर देख देखकर मुस्कुरा भी रहे थे। “मम्मी! वह देखो, यह दोनों कितने खुश हो रहे हैं। ”- मंसा के भाई ने कहा। सब हंसने लगे, हाहाहा…।

घन-घोर घटा सी छा जाती,
कानों ने जब ना जो सुनी।
बस एक हाँ की देरी थी,
हाथों में गुल-वन की बेरी थी।।

सिहरन, एक नए पन्ने में

"छलका आंसू जब आँखों से।
तब जागा मेरा हृदय विलम्ब।।"

सिंध शहर से वापस आकर अत्सर और मंसा दोनों अपनी पढ़ाई में लग गए थे। वह अभी भी पहले की तरह समय मिलने पर एक दूसरे से मिल लिया करते थे। अब उनके बीच पहले से कहीं ज़्यादा प्यार था। उनके जीवन में ख़ुशियों ने अपना पहरा लगाया ही था की तभी अचानक एक नए दुःख के बादल ने आकर उन्हें घेर लिया।

उन्हें घर से वापस आए हुए एक महीने ही बीते थे। एक दिन अत्सर दोपहर का लंच करके हॉस्टल के अपने रूम में बैठा था। आज मंसा भी लंच करके जल्द ही चली गई थी। उसे अपना एक प्रोजेक्ट सबमिट करना था। सामान्यतः, वे दोनों दोपहर का खाना खाने के बाद कुछ वक्त एक दूसरे के साथ बिताते थे। पास के पार्क में, एक पेड़ के नीचे बने चबूतरे पर बैठ कर, उनके क्लास में जो भी हुआ होता था, सब एक दूसरे से साझा किया करते थे। लेकिन आज ऐसा नहीं हुआ। मंसा भी जल्द ही चली गई थी। और अत्सर को भी कुछ प्रोजेक्ट का ही काम पूरा करना

था, इसलिए, वह भी जल्दी में था। अपने हॉस्टल के रूम में अकेला बैठ कर वह अपने प्रोजेक्ट के काम को पूरा करने में लगा था। उसे एक मोटी सी फ़ाइल तैयार करनी थी।

अचानक उसके फ़ोन की घंटी बजी। उसने फ़ोन उठाया। फ़ोन के दूसरी तरफ़ से आवाज़ आई- "अत्सर (धीमी आवाज़ में), कहाँ हो तुम?" "हॉस्टल में"- अत्सर ने कहा। "घर चले आओ, कुछ दिन के लिए...।"- फ़ोन के दूसरी तरफ़ से आवाज़ आई। "क्यूँ ...क्या हुआ?"- अत्सर ने कहा। "तुम्हारी मम्मी अब इस दुनिया में नहीं रही (दुखी मन से), एक कार ने टक्कर मार दी जिसकी वजह से उनकी मौत हो गई।"- फ़ोन के दूसरी तरफ़ से आवाज़ आई। यह फ़ोन अत्सर के मामा ने किया था।

यह समय अत्सर के लिए सबसे मुश्किल समय था। एक तरफ जहां मंसा के उसके जीवन में आ जाने से ख़ुशियाँ आई थीं तो वहीं दूसरी तरफ़ दुखो ने फिर से उसकी तरफ़ अपना रुख़ मोड़ लिया था।

ऐसा दुखद समाचार सुनकर वह हॉस्टल के रूम में बैठा जम सा गया था। एक बार फिर से उसके फ़ोन ने उसे आवाज़ देना शुरू किया। इस बार उसने कुछ देर से फ़ोन उठाया। "हेलो! (धीमी आवाज़ में)..."- अत्सर ने कहा। "हेलो! कहाँ चले गए थे। इतना देर क्यूँ लगा फ़ोन उठाने में...(ठहरते हुए)"- फ़ोन के दूसरी तरफ़ से मंसा ने कहा। "कहीं नहीं, बस ऐसे ही बैठा हुआ था... (दुखी मन से)"- अत्सर ने कहा। "घर से कुछ समाचार आया क्या, तुम्हारे पास... (ठहरते हुए)"- मंसा ने कहा। "हाँ!"- अत्सर ने दुखी मन से कहा। "चलो आ जाओ फिर घर चलते हैं, पढ़ाई फिर कर लेंगे, वापस आने के बाद...।"- मंसा ने कहा। "हाँ! आता हूँ..."-अत्सर ने फिर दुखी मन से कहा।

जम से गए थे, मेरे पैर गगन में,

माँ के लिए, वह समाचार जो सुनकर।

दुखियारा मन हुआ बेचारा,

हटते देखा जब, उनके आँचल के साये को।

घन-घोर घटा अब ले आई थी,

काले पानी की उन बूँदों को,

जो छनकीं थीं, एक अक्षम्य आग पर।।

अत्सर की मंसा

घर से वापस आ जाने के बाद, अत्सर और मंसा अपनी-अपनी पढ़ाई में फिर से लग गए। घर से वापस कॉलेज आने के बाद, उन दोनों ने एक प्लान बनाया था की अब जब भी उन्हें लम्बी छुट्टी मिलेगी, वे दोनों निर्वा की पहाड़ियों में अपना कुछ समय बिताएँगे। इसका ज़िक्र सबसे पहले अत्सर ने ही किया था। क्योंकि अपनी माँ के गुजर जाने के बाद, वह वैसे भी दुखी रहता था। वह अपना कुछ समय किसी ऐसे जगह बिताना चाहता था जो प्राकृतिक रूप से धनी हो और उसने कई बार अपने दोस्तों (अंकुर और तर्पण) से कहा भी था कि उसके जीवन में जब भी कोई लड़की आएगी, वह उसके साथ निर्वा ज़रूर जाएगा।

सर्दियों का समय था। अत्सर और मंसा अपने प्लान के मुताबिक़ निर्वा पहुँच गए। साल की अंतिम परीक्षा होने के बाद, पूरे दो महीने की छुट्टी मिली थी। वह दोनों एक हफ़्ते के लिए निर्वा गए हुए थे। क्योंकि इसके बाद उन्हें फिर से वापस घर जाना था। अत्सर के पापा ने और

उसके मौसा-मौसी ने उन्हें घर बुलाया था। उन्हें अत्सर के घर पर इकट्ठा होना था।

अत्सर और मंसा को निर्वा में घूमते हुए कुल तीन दिन बीत गए थे। अभी तक तो वह दोनों अपने होटल के आस-पास ही घूमते थे। लेकिन इसके बाद उन्हें एक ऊँची पहाड़ी पर ट्रैकिंग के लिए जाना था। इसमें कुल दो दिन लगने वाले थे और तीसरे दिन उन्हें वापस अपने घर के लिए निकलना था।

सुबह होते ही वह दोनों अपना ट्रैकिंग बैग पैक करके ट्रैकिंग के लिए निकल पड़े। एक दिन में उन दोनों ने पहाड़ की आधी से ज़्यादा दूरी तय कर ली थी। शाम हो गई थी इसलिए, उन दोनों ने वहीं पर ही अपना कैम्प लगाया और वहीं पर रात गुज़ारने का निर्णय लिया। उनके आस-पास कुछ और लोगों ने अपना कैम्प लगा रखा था।

मंसा के मन की मंसा

अत्सर अपनी शादी के मंडप में बैठा अपनी होने वाली दुल्हन का इंतज़ार कर रहा था। थोड़ी देर बाद उसकी दुल्हन यानी की मंसा को भी उसकी सहेलियों ने उसे शादी के मंडप में ले आया। कुछ मंत्र वग़ैरह पढ़ने के बाद पंडित जी ने उन्हें फेरे लेने के लिए कहा...।

मंसा, मंसा, मंसा...। अचानक मंसा की आँख खुली।

मंसा ने अपनी आँख खोला तो देखा की अत्सर उसके सामने बैठा उसे बुला रहा था। चलो उठो, जल्दी से सारा काम निपटाओ, सुबह हो गई है। हमें अभी और आगे जाना है।

"अरे क्या आगे जाना है यार... कितना अच्छा सपना देख रही थी और तुमने जगा दिया। हमारे फेरे पूरे होने वाले थे।"- मंसा ने अंगड़ाई लेते हुए कहा।

“ज़्यादा फेरे ना लो, अभी हमारी शादी की सिर्फ़ बात हुई है, शादी पूरी तरह से निश्चित ना हुई है। चलो अब जल्दी से तैयार हो जाओ।”- अत्सर ने कहा।

अत्सर के मन की मंसा

ट्रैकिंग ट्रिप के दूसरे दिन, सुबह होते ही वह दोनों फिर से पहाड़ की बची हुई दूरी तयं करने के लिए निकल पड़े। अपराह्न के 4 बज रहे थे। दोनों ने अपनी ट्रैकिंग ट्रिप पूरी की...।

दोनों ने ट्रैकिंग ट्रिप पूरी की और बस स्टैंड की ओर निकल पड़े, क्योंकी उन्हें उसी दिन वहाँ से वापस निकलना था। क्योंकी सारे लोग उनका इंतज़ार कर रहे थे, अत्सर के घर पर...।

दोनों जब घर पहुँचे तो देखा की अत्सर के पापा और अत्सर के मौसा-मौसी सब एक साथ बैठ कर एक पुरानी फ़िल्म का लुत्फ़ उठा रहे थे।

उनके पहुँचते ही अत्सर की मौसी ने कहा- “आ गए तुम लोग, कैसी रही तुम सब की यात्रा...?”

दोनों ने एक साथ कहा- “बहुत बढ़िया...।”

अत्सर की मौसी ने फिर से कहा- “ठीक है, अब जाओ और अपना हाथ पैर धूल कर आओ, और चाहो तो थोड़ी देर आराम कर लो फिर आगे बात करते हैं।” दोनों ने कहा- “ठीक है और वहाँ से चले गए।”

थोड़ी देर बाद मंसा वहाँ पर आई जहां उसके मम्मी-पापा और उसके मौसा यानी की अत्सर के पापा बैठे हुए थे। अत्सर अभी वहाँ नहीं आया था। क्योंकी वह कुछ देर के लिए अपने कमरे में आराम करने के लिए निकल गया था।

कुछ देर बाद अत्सर भी वहाँ आया। जैसे ही उसने कमरे में प्रवेश किया तो उसके कान में आवाज़ आई- “कोई ना आप लोग जो अच्छा

समझें, मुझे सब मंज़ूर होगा वैसे भी रिया से अच्छी जीवन-संगिनी अत्सर के लिए और कोई ना होगी। दोनों एक दूसरे के बहुत अच्छे दोस्त हैं, क्यों अत्सर...?- मंसा ने अत्सर की ओर देखते हुए कहा।” “क्या मतलब... क्या चल रहा यहाँ...?”- अत्सर ने आश्चर्य से पूछा। तब मंसा की माँ ने उसे समझाना शुरू किया।

देखो अत्सर, हम तुम दोनों की शादी तो करा देंगे लेकिन यह समाज के जो ठीकेदार हैं वह ना तो तुम्हें जीने देंगे और ना ही हमें। इतना सुनते ही अत्सर ने कहा- “लेकिन आप ने तो कहा था की आप सब को समाज की कोई परवाह नहीं।” “हाँ कहा था लेकिन जब हमने इस बात पर फिर से गौर किया तब हमारा यही निर्णय आया की तुम दोनों की शादी करना बहुत ही मुश्किल है और सब से बड़ी बात, हमें कुछ और बात पता चली है की कोई है जो तुम्हारा बहुत दिन से इंतज़ार कर रही है।”- अत्सर के मौसा ने कहा।

“ऐसा कौन है, जो मेरे इंतज़ार में अभी तक बैठा है...?”- अत्सर ने अपनी भौंहों को सिकोड़ते हुए कहा।

तब मंसा ने कहा- “अत्सर तुम्हें याद है, तुमने एक बार अपनी एक बहुत अच्छी दोस्त के बारे में बात रहे थे। जब तुम दुर्शन शहर में रहते थे तब वह तुम्हें मिली थी, जो तुम्हारे पड़ोस में अपने मामा-मामी के साथ रहती थी और शायद तुम्हारी उनसे अभी भी बात होती है।” “हाँ, वह तो होती ही है। तुम रिया बात कर रही हो, है ना?”- अत्सर ने धीमी आवाज़ में पूछा। “हँजी, आप सही पकड़े, मैं उन्हीं की बात कर रही।”- मंसा ने कहा।

“लेकिन हम लोग सिर्फ़ अच्छे दोस्त हैं और यह बात रिया भी कहती है। और अभी एक हफ़्ते पहले मेरी उससे बात हुई थी तब मैंने उसे जब शादी करने को कहा तब उसने कहा की उसे अकेले रहना है। मैंने उससे कहा की कोई अच्छा सा लड़का ढूँढ कर शादी कर लो तब उसका जवाब

था की उसे अब शादी नहीं करनी और उसने यह बात ग़ुस्से में कहा था। इसलिए, मैंने उससे इसके बारे में और कुछ ना कहा क्योंकी मैं उसके दुःख का कारण नहीं बनना चाहता हूँ।”- अत्सर ने कहा।

“हाँ, वह कहती है ऐसा क्योंकी वह तुम्हारे साथ अपना जीवन बिताना चाहती है और वह यह बात तुमसे कह ना पा रही है। और मौसा जी ने बताया की इसके पहले उनकी एक बार शादी टूट भी चुकी है जो वह तुम्हारे कहने पर ही कर रही थी। उनके लिए एक बहुत अच्छे घर से रिश्ता आया था लेकिन उन्होंने वहाँ शादी करने से इंकार कर दिया। उनके मामा-मामी जी ने जब बहुत ज़ोर डाला इस बात को जानने के लिए की वह शादी क्यों नहीं करना चाहती तब उसने बताया की वह अगर शादी करेगी तो सिर्फ़ तुमसे नहीं तो फिर अकेली रहेगी। और यह सब मौसा जी से रिया के मामा ने बताया।”- मंसा ने कहा।

मंसा की बात खतम होते ही अत्सर ने अपने पापा की ओर देखा...।
“हाँ, यह सच है। जो भी मंसा ने कहा वह सब सच है।”- अत्सर के पापा ने कहा।

“बेटा हमें तुम्हारी और मंसा की शादी से कोई दिक़्क़त नहीं, समाज जो भी कहेगा उसे हम बाद में सह लेंगे, हमें कोई नहीं...। लेकिन अगर सिर्फ़ एक निर्णय से दो समस्याएँ हल हो सकती हैं तो फिर क्यों इतना ज़्यादा रिस्क लेना। वैसे भी, जैसा की तुम दोनों को भी पता है की हमारे वर्ग में अभी ऐसा कभी नहीं हुआ। इसलिए, हम सब की भलाई इसी में है की तुम दोनों की शादी की बात यहीं पर रोक दी जाए और तुम्हारी (अत्सर) शादी रिया से कर दिया जाए बाक़ी मंसा के लिए पहले से ही मेरे एक दोस्त हैं जो इसे अपनी बहू बनाना चाहते हैं।”- मंसा के पापा ने कहा। उनकी इस बात पर अत्सर के पापा और उसकी मौसी ने भी सहमती जताई।

इतना सब सुनकर अत्सर और मंसा ने एक दूसरे की ओर देखा और एक साथ कहा- "जो आप लोग अच्छा समझें...।" "आप लोग हमारा भला ही सोचेंगे...।"- मंसा ने कहा। अत्सर ने भी मुस्कुराते हुए अपना सर हिलाया।

रात के 10 बज चुके थे। सब ने रात का भोजन आज देर में किया। रात का भोजन करने के बाद, सब सोने के लिए चल पड़े।

दूसरे दिन सुबह होते ही मंसा अपने मम्मी और पापा के साथ अपने घर चली गई।

अत्सर के पापा ने उसी दिन रिया के मामा को फ़ोन करके बता दिया था की अत्सर रिया से शादी करने के लिए राज़ी है। क्योंकी वह खुद रिया को अपनी बहू बनाना चाहते थे। वह तो अत्सर और रिया ही थे जो राज़ी नहीं थे। मन ही मन दोनों एक दूसरे को चाहते थे लेकिन हिम्मत दोनों में ना थी की अपने दिल की बात एक दूसरे के सामने रख सकें। अत्सर के पापा ने जब रिया के मामा से बताया तब वह यह समाचार सुनकर बहुत खुश हुए और जब उन्होंने यह बात रिया से बताया तब पहले तो वह शर्माई और फिर उनके (अपने मामा के) वहाँ से जाते ही अपनी जगह पर ख़ुशी से उछल पड़ी।

मंसा के वहाँ से (अत्सर के घर से) जाने के दो महीने बाद मंसा के मम्मी-पापा ने उसकी शादी उसके पापा के दोस्त के लड़के के साथ कर दिया। और मंसा की शादी के ठीक एक हफ़्ते बाद अत्सर और रिया की भी शादी हुई जहां मंसा और उसके पति-देव भी मौजूद थे। इसके साथ ही साथ अत्सर के जिगरी दोस्त अंकुर और तर्पण भी अपनी-अपनी धर्म पत्नियों और बच्चों के साथ मौजूद थे। जहां अब तक अंकुर और अर्पिता का एक बेटा था तो वहीं तर्पण और प्रिया का एक बेटा और एक बेटी थी। दोनों जोड़े अपने-अपने परिवार के साथ बहुत खुश थे। और अब तो

अत्सर की भी ख़ुशी का ठिकाना ना था क्योंकि वह अपनी सबसे अच्छी दोस्त के साथ जीवन निर्वाह के बंधन में बंधने जा रहा था।

रिया और अत्सर की शादी पूरी हुई और दूसरे दिन दोनों ही हनीमून के लिए एक बर्फ़ीली जगह पर निकल गए। दोनों उस जगह की ख़ूबसूरती का लुत्फ़ उठा रहे थे तभी अचानक वहाँ बर्फ़ की फुहारे गिरने लगी।

दोनों वहाँ की सबसे ऊँची जगह पर खड़े थे। अत्सर और रिया दोनों पास-पास खड़े थे। रिया ने अत्सर से कहा- "तुम्हें ठंड नहीं लग रही क्या?" अत्सर ने मुस्कुराते हुए कहा- "अरे! लग रही है, मुझे भी ठंड लग रही है। मैं पत्थर का नहीं बना हूँ।"

"नहीं मैं कुछ नहीं भूला हूँ, मुझे सब याद है, जो भी कल शाम को मैंने तुमसे कहा था जब हम लोग एक दूसरे के पास आने वाले थे।" "इतना कहते ही अचानक उसने रिया को अपनी ओर खींच लिया।" वह दोनों एक दूसरे में बर्फ़ जैसे जम गए थे।

यह समय उन दोनों के जीवन में पहली बार आया था। ना अत्सर कभी किसी के इतना क़रीब गया था और ना ही रिया। वह दोनों इतनी बार एक दूसरे से मिले थे लेकिन यह समय उनके लिए पहली बार आया था। या फिर यह मान लो की उन दोनों ने जान बूझ कर इन लम्हों को अपने जीवन में आने नहीं दिया था।

तो कुछ इस तरह थी अत्सर के जीवन की कहानी जिसे उसके दोस्त (तर्पण) ने मेरे (लेखक) सामने बयाँ किया था। कुछ इस तरह से, कई बार जीवन में धक्के खाने के बाद, उसे अपनी जीवन-संगिनी मिली थी। जिसकी उसे वर्षों से तलाश थी।

सदियों से तेरी राह तका था,
मैं राही एक असमर्थ।
बन कर आई, मेरे मन की तू मंसा,
किया ना रत्ती भर विलम्ब।
धन्य हुआ अब मेरा मन, इस जीवन में,
अब और ना करूँ, मैं अविलम्ब।।

थ्रित देश की संरचना

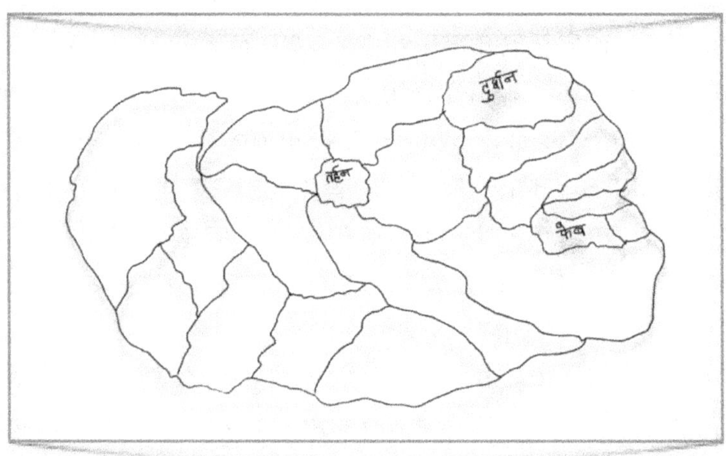

WKRISHIND
Nature's Creation

wkrishind.in
Instagram @wkrishind
9999568276
Email: contact@wkrishind.in

9 788197 792410